在困境與危機中做決策

學術、政治與領導的糾葛

黃榮村 著

目錄

輯三 教育與領導

自序

學術、政治與領導的糾葛

學術與政治（公共事務）之間的互動，關鍵點應在於是否窄化扭曲了學術的本意，以及是否將政治從獻身人類福祉斜行走入歧途，變成權力操弄與敗壞官箴。誰來決定正面能量的發揚或陷入沉淪？其中最為人關注的，就是身處其中的領導人如何走對路做對事，歷史斑斑，一般情況是不怎麼理想的，真是無可奈何的結局，正因此，自覺與反省才變成是人類最難得的德行，我們都還走在這條困難的人生與歷史之路上。

本書選擇了幾個台灣與國際及歷史上的若干案例，做針對性分析，就學術、教育、政治、與領導之間的糾葛狀況，提出一些看法。書中所提案例很多是最近才發生，眾人關注強度很大的事件，包括有台灣總統的迷失與暴走、太陽花學運與高中歷史課綱事件、學術敗德與基因主義的意識形態爭議、經常陷入風暴的台大與中研院、台大校長遴選風波等項。其他的重大教育與領導議題，則是我長年關心的對象，趁此機會釐清一些令人困擾風波不斷的教育與教改問題。這些嚴肅的課題乍看之下是獨立事件，但慢慢地都發生了系統性的連接，教育與學術是關乎國家命運的基礎實質問題，但經常受到政治觀點與領導效能的衝擊，以致最後都糾結在一起，成為命運共同體。本書希望能將這些關係講得更清楚，而我也得以藉此機會將過去的經驗，在書中做一些整理與交代。是為序。

輯 一

政治與領導二三事

台灣總統的迷走人生

自小讀《三國演義》，覺得在那個世界中王來王去，各逞機鋒，能占便宜就占便宜，但總是振振有詞，出師勤皇或呼群保義，然後在狹縫中費盡心思，尋找機會，取之有道，絕無僥倖之理。只有在用錯策略或時機不濟時，失去稱王之路失去天下，但很少看到是自己把自己塞死的，也很少看到自命草莽不審時度勢，不依附歷史正統的，縱使心中不信，至少也要裝出一個模樣來，而且能撐多久就撐多久。我曾在〈漢唐雜憶（二）〉中寫到三國與曹操的一段：

假如沒有孟德
三國就如風中飄飛的棉絮
抓不到詮釋的主軸
依附不到歷史的正統。

赤壁無情
只爭戰場一陣東風
豈知中原道上
還有僕僕風塵的
虛矯的歷史正義。
孟德撐出王道的假面
死後一條虛線繼續釣出
仍不止歇的三國史

阿扁應該很想學三國中的人物能夠縱橫天下，他確實也做到了，因為他是結束國民黨幾世霸權，第一次讓政黨輪替執政的代表性人物，但他也是讓台灣社會很多人徹夜未眠，恨台灣之子未能長大成人的關鍵人物。接下來的馬英九大概也是讓國民黨人愛恨交加，輾轉反側不能成眠的國家領導人。現在沒人稱這些人是王的，因為他們都沒有古代王者之風，亦無領軍百萬渡河殺敵的能耐，但還是暫時稱他們為王吧，這代表的是我一生的想像與失望。

台灣總統的迷走人生，不只是他們自己的傳奇，也逼使一堆人跟著走上一條長而彎曲的山路，被丟在雨中的荒野，看不到應許之地，最後只得坐在山頂像個傻瓜，看著太陽落下，看著底下的浮華世界轉啊轉的。每次想到這裡，心中就響起披頭四的歌聲，他們有兩首歌，一首叫〈The Long and Winding Road〉（一條長而彎曲的路），另一首叫〈The Fool on the Hill〉（坐在山丘上的傻瓜），歌詞大意依我意思合併如上。

這一大段王者的迷走人生，讓人產生理想與現實之間的巨大落差，很自然的也讓我再去翻閱喬伊斯（James Joyce）的《都柏林人》（*Dubliners*；聯經，二〇〇九，莊坤良譯注），其中一篇〈阿拉比〉（Araby）是我從大學時代就喜歡看的短篇小說，講的是一位小男孩趕在市集打烊前到了阿拉比，想買一件禮物討女孩歡心，沒想趕到現場已是寥寥落落的清場時間，攤上擺的是虛假的便宜貨，沒人關心他的到來，他手上捏的也沒幾文錢，整件事情看起來沒什麼意義也有點荒謬，現場與期望的落差太大，小說最後一段描述小男孩的心理反應：「凝視著這一片漆黑，我看見自己像一隻被虛榮心驅使與嘲弄的可憐蟲；眼裡不禁燃起憤怒與羞愧的熊熊烈火。」看起來這位真情的小男孩，從此失去純真，向浪漫的青春做了痛苦的告別！

那就把它當故事聽吧，不要當真。

英雄的崛起與困境

阿扁出身困苦力求上進所發展出來的工具性性格（這是功利型性格之中性講法），非常明顯。我很清楚看到他這種性格的人，常會先設定想提前完成的目標，之後反向管理，有效安排前面各分項事務的完成時間表，隨後的管考則非常嚴格節節進逼；他劍及履及，主張做事情插香要插前頭，不要猶豫不決老是跟在後面，而且相信頭過身就過，只要全力以赴將士用命，一定可以勉力達成。這些特質，由其掌理台北市龐雜事務的馬上辦效能與顯著績效中，可窺一二。有不少人認為他是這麼長久以來，做得最好的台北市長，應該不算過譽。

阿扁的庶民領袖性格很難被取代，相形之下李登輝常先有定見善謀略，馬英九則形象優先親近性不足。這是一種來自出身、年齡、教育與性格所造成的天然差異，難以強求，阿扁有一段長時間受人喜愛，應當與此有關，可惜在權力翻滾下無法持續保有，洵至每況愈下令人遺憾。

他過去的成功當然與用人及決策風格有關，需分政權輪替後之前期與後期觀察，才得以明之。在初期，內閣政務官員中，國民黨籍最多，無黨籍次之，民進黨籍居第三；文官體系則大體尚能各就其位，有相當一段時間並無大幅搬遷整肅之風。整體而言，氣象恢宏，遠非後來再次政黨輪替時可比，不願意相信的人，自己去比對前後之內閣人事即可一目瞭然。一國之君本應秉持「率土之濱莫非王土」的心態，優秀人才用了就是自己人，應用而不用，就可能成為路人甲或者別人。但在後期兩顆子彈之後的危疑之際，可能不安全感焦慮上揚，開始會有親疏之分，內閣用人本應以恰當性為主要考量，現在卻更需想到是否為自己信得過的人，一路往下，原先鋪陳之恢宏格局勢難維持。

一位成功的國家領導人，至少要做好兩件事情：1. 緊要關頭時能與全民站在一起，激勵民心。如美國經濟大蕭條、二戰德軍攻打列寧格勒及史達林格勒、中國對日抗戰、與日本偷襲珍珠港時。在這一點上，台灣很幸運，阿扁沒什麼機會表現，但我想他應該是可以的，這一點由他參與九二一重建時的表現可略知一二。2. 能持平以智慧做重大決策，調和鼎鼐，而且至少在一定時間內，要有前後一致性。如處理社會的統獨問題、兩岸關係、與核能電力供應等。在領導決策圈子或社會群體中，總有鷹與鴿的情感與策略分群，一個領導人在這類問題上注定是一個孤獨者（loner），因為不能在情感上或者策略上，很快的傾斜往任何一邊。就這一點而言，阿扁於執政前期雖難免爭議，還算沒有亂了套，但卻不能說他在後期是成功的。

政權輪替後，若依上述分為前期與後期，則在前期（二〇〇〇—二〇〇四）我是參與者，在後期（二〇〇四—二〇〇八）是資訊不全的旁觀者。先以九二一震災災後重建與教育部處理全國教育事務為例。九二一災後重建乃人道志業，本就不應有黨派之分，阿扁上任之後每月至少一次到災區巡訪，在我以政務委員身分專責重建的二十個月中，至少二十餘次陪巡，包括桃芝風災的救災與重建在內。阿扁出身貧苦與其庶民親民之領袖風格，在此展現無遺，在災後重建過程中從未模糊或失去公私分際，且能聆聽災民之所苦，迅速交辦並協助解決確實困難之問題，就我的觀點而言，這段時間的表現可能是他這輩子，最像人民領袖之持續性作為。

在全國教育事務上，他則甚少介入，當全國教師號稱十萬人大遊行與十年教改爭議烽火連天時，不只國民黨，民進黨內也有很多聲音要棄守已進行一段時間之改革，但阿扁在聽我說明之後，亦持改革不能回頭只能修改轉進的態度，並特別要求做好教師協調說明工作；在多元入學與九年一貫的課程改革上，縱有資政、國策顧問、與立委強力介入，要求回返原點，但他居然全部忍下來，尊重教育部之處理。觀察日後發展與相關證據，他當時的「尊重」，確實沒有判斷不當之處。雖然政治介入教育當時並不明顯，但揆諸他在後期對本土教育之強烈推動，顯見其心中自有定見，只是在我任上以教育諸多迫切性的專業改革為主軸，本土教育亦採循序漸進方式推動，可能一時難以找到著力點之故。間亦有擬介入大學校長遴聘、大學改名或設立之事，經我說明並表示不宜之後，亦皆能依教育專業與程序辦理，可見前期之阿扁經常能聽入不同的專業意見。這時的阿扁仍經得起人講，在立場不堅時（因為工具性性格之故，為了達成目的可以暫時將理念打個折扣），若部會能夠自己堅持並多做說服工作，往往也會讓他改變想法，從善如流。觀諸後期，部會首長甚多未能主動說明及強力說服，對他陷入困境之中難以脫身，不能說都沒有貢獻，檢討起來實有諸多反省空間。

參與內閣政務四年，真的是事先無任何預期，離開之時亦以理念不盡相符視之，因此在初聽聞其負面行徑時，難以相信亦難接受。後來雖陸續聽到相關消息，仍覺恍若一夢，開始不覺得自己過去所做自覺有意義的國家大事，究竟還值不值得引以為傲。我雖非積極之政治參與者，但一生之中常被高貴之因（noble cause）所驅動，當自己已經愈來愈不喜歡那個環境或裡面的人與事時，只要當初驅動的因還在，就繼續忍住賣命，這樣一晃幾十年。當年在台大從十八歲待到五十幾歲，至少三十五年光陰，早已是台大自由主義傳統中的一員，又因長期參與社會與教育改革及擔任澄社社長，也清楚了解周圍知識界朋友的態度。他們對政權轉移、制度改變、長期不正義之回復、國家願景等項，一直有著極大的期待與熱情，但也有相當潔癖，將「有權者不能要錢，有錢人不能求權」這條紅線，當作普世規則。所以當他們發現這是另一個平凡又不長進的政權在運作時，大部分人都覺得很沒面子，除非是鐵桿深綠，否則都是從熱烈支持掉入沉默與失望，難以振作。這是阿扁不可逆的道德與歷史責任，雖然在此困難過程中，有人替阿扁脫困，主張是因為被阿珍連累所致，但他既是配偶更是總統，當然要一肩挑起，他算不錯，也有國家領導人的高度，並沒有因為要脫罪而順勢推到阿珍身上。不過這一大群失望的人，對未來及其原先支持的理念與風格，其實並未改變，正在等待另外再起的機會。

接下來有幾個令人啼笑皆非，帶有超現實迷幻氣氛的場景，在令人驚訝中發生。大概是二〇〇九年吧，有一次搭計程車到喜來登（來來）有個聚會，抵達後司機一轉頭，居然用台語說：「啊，部長，怎麼抓到只剩你」，我說：「你亂講！」可以想像那時的庶民之見，令人錯愕、無理之至，但就是發生了。再隔不知多久，好像接到最高法院檢察署特偵組寄來一張不起訴處分書，上面列了一堆過去的內閣同事，原來是國民黨在二〇〇八年輪替政權後，當家又鬧事，不分青紅皂白，把我們一夥一狀告進去，之後偵騎四出到各部會翻箱倒櫃找資料，我們很多人其實都因事忙被蒙在鼓裡，一直到不起訴處分下來，才知道有這麼一回事。這種政權到手後的邪惡行為，實在是沒辦法評論，我的結論只有一點：政黨與政治權力，真的讓人瘋狂！

經過阿扁事件的大起大落，台灣人民恐已對回顧過去失去興趣，如何看出未來才是心之所繫。這是一個契機，民進黨與國民黨一樣，都要開始以智慧與溫情，看出未來的危機與希望，並與人民走在一起。未來國家發展願景，一方面是要內政清明，出外則有坦途。更重要的，要步步為營，讓國人有信心也確信很久以後，這個地方還叫台灣！

迷走與結局

二〇〇四年三月的兩顆子彈，讓之後的台灣走了一趟非常不順利的政權轉移歷史。台大張慶瑞副校長（時任物理系主任）提及，為了承辦世界性的「物理一百年」（World Year of Physics 2005），紀念愛因斯坦在一九〇五年連續發表五篇論文，震撼世界的一年，包括狹義相對論、質能等價、光電效應、布朗運動等在內），在二〇〇五年四月十九日紀念愛因斯坦逝世五十週年，並接引從普林斯頓（Princeton）發出的光線，在台北一〇一大樓外牆上打出質能互換公式（E = mc^2），以及其他配合活動，因此特別安排在二〇〇四年三月十九日下午，到教育部做簡報並尋求協助。當時忽有一張紙條遞來給我，寫著「總統被槍擊」。陽明大學梁賡義校長（時任國家衛生研究院副院長）說，那天下午他也在場。我不動聲色，繼續開完會議，做了支持的決議，事後他們都很訝異，其實，這本來就是政務機關應有的常識性作為。

阿扁再度當選之後，引發嚴重的兩顆子彈真假爭議，一些人跑到中正紀念堂「大中至正」（現在改為「自由廣場」）大牌匾下靜坐。四月四日晚上，前教育部長毛高文到中正紀念堂看他們。四月五日早上要呂木琳次長代表去看看，我則因公到苗栗幾所學校巡走一圈，沒想游錫堃院長看到毛高文去了，要我一定在傍晚去走一趟。這種事我其實經驗很多，該去不該去心中自有分寸，不過長官有令還是要去走走，果然這批人就要我轉交請願書給總統，在那種場合也只好接受，回程還被狂熱分子撞，被深愛黨國的老人噴飛沫。這下子可好了，那批人為了兩顆子彈跑到中正紀念堂靜坐，行政院已經在怪教育部沒及時擋住，我又不得已上簽行政院代轉請願書，阿扁的心情應該是繼續不好。杜正勝隔天傳真一張紙條給我，那上面大概是說當有人打你左臉，把右臉也讓給他們吧，不必跟這些無理之人計較了。

阿扁再任總統卸任後就被關起來，後來轉到台中監獄。不管如何，他仍是我過去人生中重要四年的老長官，因此打算在二〇一四年二月校長卸任後去看看他，好好敘敘舊。在這段時間試著安排進去見見，但被要求說須找個立法委員之類或法務部長官級的安排，我想這樣不太好，就耽擱下來。後來張典獄長因故臨時要辦退休，十月一日生效，請監獄醫院楊美都教授與我聯絡，我想這份心意很好，就安排在二〇一四年九月三十日下午三點左右過去，還就近邀了曾為李登輝總統安排裝支架的心臟科洪瑞松教授，以及曾在擔任屏東科技大學校長期間，隨阿扁到過非洲的周昌弘院士，一起前往。昌弘兄一見阿扁的面，就說曾與他一起到過奈及利亞，沒想阿扁馬上說奈及利亞又不是邦交國，怎麼可能去？這下可精彩了，反正我也搞不懂這些玩意兒，就靜觀其變，阿扁身體狀況很不好是個事實，既然難得能夠參加總統出訪代表團的人都記不清楚了，難道阿扁還有那麼好的記憶力嗎？奇蹟來了，阿扁十幾秒後說話了：「啊，是塞內加爾啦！」我除了嘆為觀止，還能說什麼？

阿扁認為從北監到台中監獄，就像從地獄到天堂，但從總統變為階下囚，心理落差太大，國際間也沒這樣關國家元首的，顯然鬱卒得不得了。他的右手一直抖動、口吃、尿失禁，談了一個多小時下來，底下一攤水，但他的政治頭腦可沒打結，講到政治與柯文哲的選舉就口語清晰反應迅速，這一點在神經退化性疾病或失憶者身上也可看到類似現象，當病人情緒比較亢奮或生理喚起水準較高時，病人的認知功能或記憶或語言，都會有短暫的顯著改善。

我曾在〈人生的傷痕〉中，描寫拿破崙失意被流放到聖赫勒拿島（Saint Helena）的一段，抄錄如下，好像也滿切題的：

光輝的過去抵擋不住的
就是現在
順便讓未來在島上蹉跎
每個晚上多的是時間
覆盤人生棋局
在落子聲中
逐漸老去。

蝦蟆的油

已故的芝加哥大學教授也是諾貝爾獎得主的貝克（Gary Becker），曾提出一個出名的「壞小孩定理」（rotten-kid theorem），主張一種叫做「模擬性利他」（simulated altruism）的概念，大意是說當一位大家長手上仍握有資源與分配大權時，底下的眾壞小孩為了日後可以分到該有的財產或利益，無不卯足勁表現出「兄友弟恭」的樣子，縱使他們在本質上其實都是自私自利的傢伙。這個概念大概拿來解釋過去國民黨黨產所發揮過之功能，是最切題不過了。人在有限的理性中，經常要靠自私自利來做計算，以找出最佳方案，或者他心目中的最大利益，若將此原則無限延伸，是有可能產生出一種終身的「模擬性利他」，其實這種結果也不錯。同班同學陳麗明（陳力明）很聰明，我們大三結束的暑期，在左營軍區接受當預官前的分科訓練時，就跟我說「假如一個人能夠裝一輩子好人，應該也算是個好人了吧」。我看這個結論比「模擬性利他」的概念有建設性。

好人要裝一輩子，做到終身的模擬性利他，是相當困難的。一位國家領導人在機會來到時，恐怕在情緒上是很想獨裁一下的，但成功的領導人在其有效賞味期內，經常知道要裝要忍，清廉形象與民主氣度要裝得像，忍要忍到能分權能聽諫。台灣的總統大概只能在第一任裝裝忍忍，第二任就都破功了。最糟糕的是讓政務官變得沒辦法有所擔當，文官沒辦法依制度與專業做事。大家都知道特任官與政務官不能自己把自己做小了，也不能讓別人把自己給做小了；文官處理的則是日常的公共事務，一定要有邏輯性與穩定性，不能讓制度與專業的軌道經常脫軌甚至翻車，我們既然引進英國與日本式的文官體制，就要有決心與分寸，讓文官體制的治國精神及規矩好好發揮。但是偏偏在一些場合看到不應發生的反例，讓人痛心，會產生這麼多不如意之事，其實背後有讓這些事情發生的系統性因素，大體上與國家領導人沒有善盡責任，或者通不過能力與人性的考驗有關。

台灣的總統都是由好幾百萬人的眼睛與判斷挑選出來的，為什麼中途老是會走樣？有些懷念過去日子與喜歡被領導的人，總喜歡說英明的獨裁效率最好，不過我以前學校副校長陳偉德教授曾提起，好像大家都忘了接下來一件更重要的事情，那就是獨裁久了就不英明！為何領導人大部分不能在最佳狀態的時候脫身，博得一世英名？可能因為行為慣性總是遵循莫非定律吧，人經常會停在一個地方，一直到不適任為止！

老友精神科醫師楊庸一教授，寄了一篇他寫的文章給我，介紹有關領導人的「傲慢症候群」（Hubris syndrome）研究，本意大概是引用來分析馬英九總統吧。我翻出當過英國外交大臣的上議院議員歐文（David Owen），與美國杜克大學醫學中心精神科戴維森（Jonathan Davidson）合寫的文章〈Hubris syndrome: An acquired personality disorder? A study of US Presidents and UK Prime Ministers over the last 100 years〉，他們歸納分析過去百年英美首相與總統的言行及變化後，將其心得發表在二〇〇九年的 *Brain* 第一三二期一三九六—一四〇六頁。今以本篇論文為主，並綜合各家前後之言，可做如下之說明。

羅素曾說當人不再謙遜，而且在權力之中出現中毒現象（intoxication of power），這時即有可能驅使人瘋狂。就希臘文本意，hubris 兼有「招災惹禍」與「傲慢」（arrogance）之意，應以後天獲得者（acquired）居多。由於該一症候群之定義及使用並非醫學界共識，亦未納入 *DSM*（《精神疾病診斷與統計手冊》）與 *ICD*（國際疾病分類）之中，故暫以寬鬆方式認定，亦即多少具有下列之部分症狀者，就有可能被診斷為罹患有「傲慢症候群」：視世界為透過權力榮耀自己的場所、傾向於採取行動增益個人形象、對形象有不成比例的關切、朕即天下、有救世主熱情與亢奮的言詞、輕視別人、在意歷史定位、缺乏現實感、自戀、衝動不能控制、道德淩駕現實可行性、無能抓出政策關鍵處等。國家領導人若發展出「傲慢症候群」，則可能由於沒有能力看出不利的後果，而做出危險的決策，也帶給人民極大的傷害。由於有這種症狀的國家領導人，缺乏病識感（這是症狀中的一種），因此很難勸得進去或給予有效藥方。有趣的是，「傲慢症候群」明顯的與權力有關，一個保持謙遜、聽得進別人批評、有幽默感的人，一般比較不會得到這種毛病；若一個人握有權力愈久以及權力愈大，則愈有可能得到這種症候群，但不再擁有權力時，這類症候群也會很快消失。所以這個症候群看起來應該是後天發展出來的。

更嚴重的是，當國家領導人只看到想到自己，或者以自己為中心看世界，就沒有辦法長出慧眼與回歸初心，去體會國家社會已經沛然興起但仍然無形或還不確定的力量，並給予尊重或因勢利導。這種時機一縱即逝，生病的人是抓不到抓不住的。

這樣看起來，我們幾位總統恐怕都難逃「權力中毒」與「傲慢症候群」的侵襲，重點在於有沒有及時醒覺，很快恢復病識感。假如這一點不能保證，我們也要期望特任官與政務官的集體力量，能在緊要關頭發揮剎車的功能，畢竟台灣還是個民主國家，不應該有那麼大的無力感才對。有一次參加一場婚宴，旁邊剛好坐了黃重球與許勝雄，一掌台電一掌工業總會，看到我以後，他們精神大好，居然得出底下結論（後面兩項是我開玩笑加的）：（現在的）部長→校長→教授→路人甲，愈往下邊，人的尊嚴愈能恢復。我雖大體上同意這種觀察，在時間軸上也必定是如此，一步步走向舞台劇中去，但憂心的是這種趨勢反映的是國運甚不昌隆，當處理涉及眾人事務與國家大事的人，在沒有什麼道理下，或者在道理被反轉下，失去尊嚴與做事的效果時，傷害的正是大家，何高興之有？社會上流行這種風氣，只會把大部分人變成自了漢，以及cynical（喜愛嘲諷）的人罷了，對國計民生又有何裨益？當部會首長的人不能把自己做小了，也不能讓別人把你做小了，這種原理用在國家元首身上也是一樣的。只有這樣，在上位的人像個樣子之後，整個文官系統才能恢復活力，社會運作因之回歸常軌，國家的競爭力自然可以提升。

二〇一四年十二月到屏東潮州老友陳保基家致意，回程往車站時，那位計程車司機是一九五〇年次的，與阿扁同年，他說有時看鏡子會嚇一大跳，覺得自己一張老臉！一時之間讓我想起黑澤明的自傳《蝦蟆的油》，他用了一個日本的民間傳說當作書名：蝦蟆從玻璃反射中被自己的醜臉嚇一大跳，在壓力與驚恐之下流出滿身油，不只有益自己身心靈恢復健康，也具有療癒別人身心傷痛的功效，聽說是很寶貴的燒燙傷治療油。這段描述與比喻有四個要件：有鏡子可以照、看到自己的臉是醜的、會嚇一大跳、身體裡面有好油。問題是，當總統的人到頭來常會自戀轉自大，他會去找鏡子看？縱使看了，會覺得自己的臉醜？看到臉醜會嚇一跳自己反省，還是認為自己的臉被嚴重抹黑？最後，縱使被嚇得手腳發抖，但身體裡面流得出有益世道人心的好油嗎？

過去有一句話說「醉鄉夢穩宜頻到，此外不堪行」，我們不能讓總統們都不太愛照鏡子，照了也不見得會反省，所以要不時的用話語提醒他們，用行動教導他們，要不然人民只好醉鄉夢穩經常到了。這是一位一生從來不放棄樂觀希望的人，在無計可施下，所得出來的結論！

後記

二〇一五年底總統大選進入白熱化，一般人都看得出來政權又要再度輪替，這個勢頭是沒人擋得住了。民進黨候選人推動將政治作為一種志業向前看的精神，這是仿效韋伯（Max Weber）在一九一八年發表的演講「政治當作一種志業」（Politics as a Vocation），期勉自己與年輕人能夠接受時代的召喚與獻身，將政治作為一種志業，而且努力培養三種特質，才有資格去掌握歷史的舵輪，那三種資質是：熱情（對一件踏實的理想之熱情獻身）、責任感、與判斷力。我雖然對這種高調一向不怎麼有信心，但還是很高興看到過去內閣傑出的同事，願意用這種精神在關鍵時刻接受呼喚承擔責任，出面參選，所以也表示了一些看法。

我的想法很簡單，逐大位不能只看個人條件，更重要的要看如何對待國家大事，如何在毋忘初衷與戒慎恐懼之中，努力維護台灣的民主促進台灣的發展，這是大家心中的大事。幾十年前，我們都曾親自觀察與體會黨外運動的受苦、淬鍊、及成長，這些黨外前輩與同志，在鋪天蓋地的困境中逆勢上揚，創造出一種不自私、高道德標準、一心一意要讓台灣出頭天的黨外精神，翻轉了國家政黨政治與執政的過程，讓核心價值與台灣的精神在裡面流動。這是一段台灣永遠不能忘記的珍貴歷史，一直到現在，我們同樣支持這種黨外精神（尤其是人間公平正義之回復），而且更為渴望，希望民進黨毋忘初衷，不能忘記民主前輩的努力，在爭取再度執政的過程中，一定要讓這種精神再度流布在台灣社會，並爭取認同建立共識。在總統大選中當選，是為了解決問題，消弭國內歧異的意識形態、恢復社會公平正義、弄好與兩岸及國際互動的大局、帶出有活力的經濟，以及鼓舞國民一起走出有希望的未來。

台灣現在面對的內部困境與挑戰，非常難纏，兩岸與國際的競爭及相互對待，則更為嚴苛，實在沒有輕鬆以對的空間，更應戒慎恐懼。這種困難的工程，需要有歷練、有耐心、願意正視問題、能夠結合仁人志士衝破難關，提升格局的人。這次的重點不只在追逐勝選的榮耀，更在於選擇往後能負重責大任、能與國人一起走出亮眼未來的國家領導人。我們要一起來為台灣祈禱。

歷史課綱十年流變與年輕的生命

令人無法想像，高中生為了歷史課綱，陸續集結衝撞教育部，最後還流失了一位高中生寶貴的年輕生命。在台灣教育史上，一九四九年發生於台大及師院（現在的台師大）的四六事件（另見本人二〇一四年出版之《大學的教養與反叛》），雖有一些關心的中學生涉入（如前中研院副院長張光直），但絕非主體。高中歷史課綱事件的主角卻絕對是高中生，這不是一個好跡象，更可憂的是教育部從二〇一五年七月開始，周圍布滿拒馬與蛇籠，一直放到十二月才撤掉，整整五個月以上，真是不可思議。我曾寫一首描繪二〇一四年三月太陽花學運的詩〈在雨暴風狂之中，翻身〉，開始的三行如下：

蒼白的小孩，正在成長
他們的心底話 其實
早就寫在校園的廊柱上。

年輕學生的思想與情感其實很容易理解，問題在於我們願不願意傾聽，願不願意走入他們的世界。這段與年輕人溝通潰敗的歷史，必須經常被記取。有人以為高中歷史課綱事件主要來自意識形態的不同，但意識形態的不同在台灣至少已有近七十年歷史，隨時用它做藉口，台灣將寸步難行。意識形態的差異，經常是調適改變不順利下的結果，而非出事的原因。底下將就十來年的流變，做一簡要敘述。

高中歷史課綱與微調的十年流變

二〇〇二年二月我由政務委員兼行政院九二一重建會執行長，轉任教育部，為了接續二〇〇一年已啟動九年一貫課程之實施，依教育部常規程序繼續二〇〇一年已聘人員之續聘，請彭旭明（台大化學系，中研院副院長）擔任高中課程總綱召委。在分科課綱上則各有負責人，歷史部分繼續請清大人社系主任（也是歷史所教授），專攻歷史教育的張元召集歷史課綱委員會，委員都是各級學校專業歷史教師；杜正勝時任故宮博物院院長，則是另外一個審查小組的召集委員。

二〇〇三年六月，高中歷史課綱草案對外公布，課綱草案有兩個爭議點：高中台灣史獨立成冊；明朝中葉（十六世紀一五〇〇年）以後，開始與世界有密切往來的歷史，改列世界史。後來在二〇〇四年公布九五暫綱時做一調整，明朝中葉以後還是依傳統擠入中國史，但亦分散寫入世界史中。亦即台灣史一冊（歷史一）、中國史一冊（現在的歷史二與歷史三前半部，含一五〇〇年以後的中國史）、世界史兩冊（現在的歷史三後半與歷史四）。也就是在教學時數（每週二小時）沒有增加的情況下，將一千五百年以後的中國史大部分塞回第二冊，時間受到很大限制。

二〇〇三年六月，高中歷史課綱草案對外公布後，二〇〇三年九月開始大戰一場大鬧一場，包括史學界在內（如吳展良、高明士、王壽南等人），還有許倬雲等人都來關切，許還熱心地透過《中國時報》，想找杜正勝等人前來商談。在行政院院會上我故意說老朋友王曉波來電，要求小心制定歷史課綱，還說你們是要對歷史負責的，這種口氣與他平時講話方式是一致的。會後葉菊蘭跟我說，王是大統派，雖是你朋友，聽聽就好。馬英九（當時是台北市長）在會後打電話給他的精神導師（mentor）王曉波，說我在院會中提起他。

同年十月戰場改在立法院，更是煙硝味十足，二〇〇三年十月十五日立法院教育及文化委員會上，我偕同高中歷史課程綱要專案小組召集人張元及高中歷史課程綱要審查小組召集人杜正勝，前往報告「高中歷史課程綱要爭議與檢討」並備質詢，由張元說明他對台灣史維持獨立一冊的想法。在立法院教育文化委員會專案質詢時，李慶華李慶安兄妹與洪秀柱蓄勢待發，李氏兄妹與杜正勝互拍桌子。李氏兄妹，平時就喜歡在立法院教育文化委員會（文建會主委與故宮院長都要參加，平常沒事，這個委員會九五％以上時間都是教育部的事），伺機找杜吵架，其實那時杜並非主角，也不是負責歷史課綱修訂的人，只不過那些意識形態與他大有不同的立委與外人，老是把他定位成課綱事件的核心人物。

張元有江湖道義，我們在委員會內吵架時，他正在循路找會議室，我記得有用手機告訴他可以不用來，我們應付即可。這是我以前對付立法院教育文化委員會的經驗，他們一直要大考中心主任（那時是劉兆漢）到會備詢，但我以為大考中心不是招聯會，只是接受招聯會委託辦理試務的機構，依法沒有必要來，所以就打電話給劉說，教育文化委員會一定要你來，但你不要來，我們處理即可。雖然我這樣跟張元說，但他顯然有一整套想法要說明，再憋也不是辦法，堅持走入，滿口大陸口音，我相信那幾位委員是第一次見到張元，一定覺得不符他們心中的「台獨歷史教授」形象。張元始終嚴詞否認課綱設計受到杜正勝的同心圓史觀影響，二〇〇三年十一月二十三日在教育部主辦的「高中歷史課程綱要座談會」上，也再次重申該一講法。

張元大概受不了這些紛紛擾擾，在二〇〇三年年底以任期已到理由辭職。之後我請老同學也是委員的邢義田等人在來來吃飯，並請求同意出面擔任召集人，旋即在其建議下找周樑楷出任召集人，繼續研議以求定案（當時已公布的是草案）。那時府方與院方大概很想關心，但未實質介入，外界有些人一直以為我後來離開教育部，與這件事有關，其實並不盡然。

九五暫綱、九八課綱、與一〇一課綱

教育部長在二〇〇四年五月二十日，改由杜正勝出任（任期至二〇〇八年五月）。約三個月之後，由周樑楷與小組委員依過去公布的草案，加以修訂，先弄個九五暫綱，於二〇〇四年八月三十一日公布，正式名稱是《普通高級中學暫行課程綱要》，這時已非草案，九五學年以後的教科書原則上是要依此編撰的。杜正勝之後找吳文星當召集人弄出一份九八課綱，但在第二次政權移轉後緩議，之後在吳清基當部長時找汪榮祖當召集人，另修了一份一〇一課綱，沿用至今。

一〇三課綱與檢核小組

二〇一四年因十二年國教急著上路，來不及全面先制定新課綱，將就用原來的課綱當然不好，不過因為十二年國教其實也沒改什麼，高中與高職以及公私立的結構都還在那邊，改的只是進高中職的方式有所不同，還有把經過修訂《教育經費編列及管理法》增加出來約兩百億的錢，大部分拿去免學雜費（這些作法都引起很大爭議，不在此細論），所以不改也還可以將就將就。站在教育部的想法，既然來不及在十二年國教實施前，全面完成課綱修訂，那就先做課綱微調吧（這次就叫做「一〇三歷史課綱」），這種想法也還說得過去。

在高中公民與社會課程，包括歷史科部分，本皆有正規程序循專業方式修訂，過去行之有年，包括我那時的歷史課綱修訂，縱使這樣，還是不能免除一堆意識形態與史觀的爭議，不過好在點火撲火與滅火，都在體制內讓專家對專家去幹架，教育部長在最後當然要出來收拾，也要保證在這過程中，不會有不當的人或勢力介入，若有就需強力排除。但是令人訝異的是，在這過程中，居然從空而降，跑出一個非體制內的檢核小組出來，我一看就知道是馬英九出手了。這個檢核小組並無知名的史學專家在內，居然做起歷史課綱微調的事情來，所以我在二〇一四年二月二十四日的《自由時報》專訪中，即提出警告希望教育部儘快回到教育與專業，以及程序正義的底線，否則不只失去社會公信，恐也會讓教育基層失望。約略同時也在國教院（課綱審議與教科書編撰負責單位）諮詢委員會議中，建議國教院要趕快依專業出來表示意見，亦即當小弟，以免部長大哥前門與後院都著火，但以他們的層級顯然有困難，並未出手當小弟，後來果然失火，而且火勢又猛又烈又長。

在我那時確有民間熱情社團想介入影響高中課綱的制定，但未有來自總統府之指令者。這一次則很明顯是有總統介入的軌跡，站在馬的立場，他確實比現任教育部長懂更多台灣史，也有多年參與釣魚台運動的情感在內。他所找的檢核小組召集人王曉波，不具專業歷史學家身分，但確實也關心過台灣史研究的諸多層面。所以馬一定想說，我哪有錯！但這就是不尊重歷史學術專業之後，極有可能出現的危機來源。既是總統府強力介入，以後縱使發現問題想重來，也是被卡死了，誰當部長誰倒楣，可說已經埋下未來的禍害，這叫危機意識不足，防災不力，接著就是救災沒譜。高中生已經民智稍開，二〇一四年又有三月學運，全國學生串連的模式已具雛形，自己留下一堆易燃物，還在那邊嚷嚷，那就怪不得別人點火。教育部又不是沒見過這些場面，真來到門口，分批請他們進來無妨，但竟逐次演變成圍城，溝通之門可說已經關閉，民國以來這大概是第一次中學生從外面進逼教育部，逼得教育部用拒馬、蛇籠圍得密密麻麻，裡面布滿保安警察，又在半夜被學生衝進部長室，真的是不知如何評論，可謂除了防災不力之外又兼救災不能。

對抗與危機

抗議學生在二〇一五年七月二十三日衝進教育部與部長室；同年七月三十日莊敬高職學生林冠華選擇二十歲生日時自殺，遺願希望撤回課綱一事得以因他的自殺而成功；八月三日學生與教育部長協商破局；立法院與政黨虎視眈眈等著接手。府院部看起來束手無策。

八月六日學生撤了，我八月七日到教育部開會，以為會看到平時格局大方的教育部，沒想到仍是大門深鎖，蛇籠遍地。八月八日蘇德勒大颱風，八月十日又到教育部開會，除了原樣之外，在中山南路圍牆邊倒了一棵大樹，活像個廢墟。教育部正在面對一連串可能全輸的局面，史學界與歷史教師沒人出來替教育部講話，而且還不管藍綠，一致批評為何讓非體制內非依程序非史學專業的檢核小組，來「微調」高中歷史課綱。中學生以及參與聲援大學生的意志及影響力經常被低估，而且他們還有一項抗爭同志留下來的施力點與擋下課綱的遺願，要去勉力完成，這種情感鏈結的力量有時是非常巨大且持久的。

若訴求未獲適當回應，抗爭人潮總會散去，但將替國家社會埋下為數眾多的不安定反叛種子。教育部主管全國重大教育事務，人生成長中各個階段的學習與成長，才是真正應關心的對象，不應像政黨，處處想從對抗中得利或維護顏面，而一錯再錯。教育部只要確定教育大方向，很快就可以解決上面那些問題。情勢危矣，要加緊處理了。

危機與因應

二〇一五年八月一日我基於過去的經驗，對外表示了一些看法：

1. 現在一切都講不清楚了，社會也迷失在強烈的情緒中，唯一的方法就是從頭重新再講一遍。
2. 依目前嚴苛的形勢，還有為了教育以及教育部的自由與自主性，只有撤告與暫緩。暫緩不是因為不能做意識形態與史觀的辯論，這是廢時曠日之事，大人應先自己關起門來檢討，不要讓我們未成年的小孩來承擔不成比例的壓力。
3. 過去這些問題的解決方案已被鎖死，一直不能險中求解，現在要解套且不違正當性的，只能部長請辭並做強力宣告。一直破九歪，請總統、政黨、與立法院靠邊站，國家的教育趕快救，許學生一個仍然有信心與夢想的未來，餘不論矣！

我合理的猜測，吳本已欲辭，部長做成這樣是很難過的，吳也非沒有智慧與愛眷戀之人，但一定是在黨政強力綁架下不准辭。我所表達的看法實有替他解困之意，至於有無效果當然是沒把握的。不辭解決不了根本問題，辭了滿心怨恨，但能挽救教育政策制定與教育部依法行政的自主性，這一點比走掉幾位部長更重要，該走的時候還是要走，而且把問題也帶走，雖然這些都是別人惹出的問題。我當年碰到大學多元入學風波、高中職五專分發糾紛、國中小九年一貫課程、教科書統編、十萬教師大遊行、十年教改爭議、高中歷史課綱、大選教育議題攻防、兩顆子彈後中正紀念堂靜坐等，哪件真與我有關？但還是要全面處理與總負責，到了一定程度當然要走人！要吳為該事件負全責當然不公平，因為大部分出事源頭不是他惹的，但他為人一向正派，並未推諉給前任。不過危機臨頭救災失效，身為國之大臣，還是走了吧！

要在這種意識形態對抗中編歷史教科書，還真有難度，尤其是高中部分，既要有標準的國家課綱（大學無此約束），又不能迴避知識與學習之階序，也就是到了該了解這些問題的時候了。相對而言，國中小就沒有這種人生啟蒙時期（高中）最容易碰到的困難。所以，最好是回歸教育與學習本位，既然要學的是歷史，就讓史學家與歷史教師來主導，吵也是專家對專家，再吵不下去又互相不同意時就擱置，分別去寫專書好好辯論，不要強迫別人家小孩學，以後才好向他們的父母與社會交代。國民兩黨執政誰都會碰到這個問題，現在看起來，都將憲法、民族精神、與歷史學習全混在一起了，讓歷史學習擔負了很多不是本務之事，以及被政治介入的空間。脫困之計還是要教育部（依法是全國教育事務最高主管機關）扛下所有責任，來極大化國家教育的利益、教育的自由、與教育部的自主性。在這種關鍵時刻，理論上應該依此原則而行，但愈是關鍵時刻愈有人想介入，外界壓力也愈大，教育部長是事件中的代表人物，必須要想出辦法解困，若確實很難扛住這個底線，教育部長能夠選擇的方案其實不多，這個困難就讓社會清楚的知道吧。

二〇〇三與二〇一五歷史課綱爭議造成之不同危機

二〇〇三歷史課綱之兩大爭議，乃係由體制內之專業委員會自由自主得出結論之後，在史學界與社會上產生爭議；二〇一五課綱則由不在體制內、由總統安排、非專業之檢核小組，來做歷史課綱之調整。二〇〇三之修訂涉及十六世紀以後中國與世界關係之史觀，與台灣史要獨立一冊一學期的調整；二〇一五則為統獨與殖民史觀，以及相對應字句之調整。

二〇一五高中生發動主體抗爭，不同觀點史學家之對抗少；二〇〇三主要為史學專家之觀點對抗。二〇一五高中學生半夜衝進教育部，占據部長室，被提告逮捕，嗣後學生自殺，遺願為撤課綱；二〇〇三則無高中生加入戰爭。

二〇〇三公布的只是草案，暫緩再研議半年多之後，以九五暫綱方式正式實施；二〇一五則認定在二〇一四年已正式公告微調，無暫緩問題，但擬請專家表示意見，並讓學生代表加入。二〇〇三爭議之後在立法院另闢戰場攻防，但仍由教育部主導；二〇一五立法院八月初召開臨時會擬協助決定是否暫緩課綱，有立法權凌駕行政權之虞，好在並未實現。與二〇〇三不同的是，二〇一五危機是由總統與前任教育部長在二〇一三至二〇一四惹出來的，但現任部長又無法全權負責解決。

行政院接著又說要制定教育中立法，才有辦法解決這種意識形態爭議。這樣搞並沒什麼道理，教育中立主題其實早在《教育基本法》裡講得清清楚楚，只是沒有好好遵守而已，真要有個明確的行為規範，依基本法再研訂一個實施要點出來也就夠了。因特殊事件需要就去弄個所謂的「教育中立法」並無道理，若真如此，其他民主法治事務（如司法與國防軍隊）豈非更需制定中立法。好在這件事只是講講，並未推動，否則真是貽笑大方了。二〇一五的整件事情已變成危機，需要做的不是辯論，不是立法院介入，不是修立法，而是危機處理，教育與教育部的自由及自主性面臨嚴重考驗，需要的是在短期內讓危機變成轉機！

對高中歷史課綱事件的感想

歷史課綱中有關日本殖民、日據、日本治台，以及慰安婦受迫、徵慰安婦之類的歷史問題，應該是讓專家依常理與歷史專業寫法，去好好研議即可。令人不可思議的是馬對中國近現代史與台灣歷史，在理念與情感上有一種不符他年紀，難以理解的偏執。因為這種偏執，可以不理會這個社會就是幾十年來都搞不定這種事情，若依他意思就可以單純搞定，也不會有解嚴與政黨輪替了。教育部在這個時代，應走體制與教育本位及專業審議路線，不能忘掉《教育基本法》而去曲意配合。這次事件違背了太多基本原則，看在我們這些待過教育部的人眼裡，真是百味雜陳。各級教育直接涉及的學生就有五百萬人，再加上關切的親人，少說也一千多萬人，莫不以教育部馬首是瞻，早就高過一般人對內閣部會的期望水準，教育部不能妄自菲薄，更應自信自重。

有人以為此次歷史課綱事件，正如清儒龔自珍在《古史鉤沉論》所言：「欲要亡其國，必先亡其史；欲滅其族，必先滅其文化。」所以，將史做一翻轉，無非是希望存其國。但對另一群人而言，認為你在黑箱之中或在不符體制之中如此做，或者偷襲，也是要亡其信仰中的國度，以致在危機感之下出面抗爭。但與二〇〇二至二〇〇三之課綱正義做一比較，此次微調其實並非巨大，也有很多見仁見智之處，重點主要還在檢核小組所提出之微調要點，未循體制內程序亦非專業史家所為，送到課審委員會（非史學專業）後，又未依公開程序採嚴格標準認定，甚至在表決過程上出現羅生門。這是最糟的組合，提供了中學生學習大學生在二〇一四年爆發三月學運、反黑箱偷渡服貿協定之抗爭模式，並等待機會實質啟動。從二〇一四年二月已開始有公開化的爭議，一直未能有效處理，到二〇一五年五月大概是依微調課綱所編之選書已開始，內容爭議因之具體化，史觀差異愈形清楚，中學生自主性討論逐漸演變成集體性之抗爭行動，愈演愈烈，形成真正的危機。此時之危機已由國家信仰上抽象的危機感，具體化成為社會抗爭之危機行動，但所持之主要理由並非國家認同或信仰，而是非常實際的程序與黑箱議題。

這次高中歷史課綱事件，在短短時間內急速拉高抗爭強度，立法院想介入又引發政黨對抗，以致一發不可收拾，教育專業問題已逐漸在不知不覺中，轉化為政治問題。在這中間受傷最巨大的其實是教育的自由與自主性，《教育基本法》所揭櫫的教育中立形同具文，正規課程修訂與審議程序，以及主管官署的行政自主性與權威，都出了極大問題，造成外界信任的流失，可能一時之間難以恢復。因應危機的短期作法老早存在，邏輯與實務皆指出，應再依程序讓專業走一遍，只要程序與專業在公開公正上得以滿足，作為學習者的學生則不應再介入過多，讓歷史課綱之修訂回歸教育與專業基本面，現在的台灣社會已非專制專權時代，可以放手了。

我非常同意台大歷史系老同學的看法：「教科書之爭反映了台灣大環境分裂的現實，大環境不和解，雙方沒找到妥協的平衡點，玩零和遊戲，教科書即無出路」。而且台灣面對兩岸與國際壓力如此巨大，唯一能在擺盪中尋找出路的亮光，就是合作點燈，一起照向黑暗的角落，哪有拿著火把向對方揮舞，紛紛落水的！

整體而言，台灣社會希望中立，不太喜歡改變現狀，對台灣定位大部分也是持這種觀點與感情面的多，至於是否做得到，那是以後的問題。因此政權改變時，都有一批人甚至國家領導人想介入特定的史觀，但不管藍綠政權多想幹這種事，結局大概都會暫緩再做小修的，以前幾次是這樣，二〇一五年這一次應該也不會例外，硬要把它弄成例外，大概會造成悲劇。教育部面對這一團混亂，大可找機會下台階，得罪誰也不是很重要，因為不這樣做是與台灣社會的主流觀點（不分藍綠，除非是兩邊的極端派），會有很大的衝突。不尋找真正的共識就想上架，絕非教育本務，先暫緩，再交還專業史學者與教師的委員會去慢慢研議比對，才是正辦。

後記

改選後的立法院，於二〇一六年四月二十九日表決通過，要求教育部撤銷一〇三微調課綱及暫緩十二年國教課綱程序。對此教育部表示一〇三微調課綱將依行政程序，由新政府啟動「高級中等以下學校課程審議會」審議，十二年國教課綱則早已暫緩審議。五月立法院通過《高級中等教育法及國民教育法》修正案，課綱最高審議組織「課審會」非政府身分代表增至四分之三，且立法院可組成「審查會」，對非政府身分課審委員行使同意權；上述課審委員之提名與聘任權，則由教育部改放到行政院行使。

我對這種作法並不以為然，教育部依法為全國教育事務最高主管機關，課綱制定與課程發展乃其重要固有權責，前一兩年高中課綱事件引發爭議，其實就是教育部棄守教育專業立場，讓政府高層政治力介入教育專業所釀成之惡果。但此次修法卻又顯示，選後的新執政黨對即將負責的國家機器及新任教育部長沒信心，未能解決問題癥結，反走偏鋒，對教育自由與專業並無助益，動輒要行政院與立法院來主導教育，一旦過了頭，傷害的是下一代人才培育工作。

有人以為行政是一體的，由行政院與立法院組課綱審議委員會應無妨。但這種想法忽略兩個非常重要的環節，一為若有任何嚴重的耽擱或爭議，在比例原則下，誰來全權負責及善後？另一為教育部與其他部會不同之處，在於還有很重要的教育領導角色（暫不談被期待甚殷的精神象徵層面），這是與其他內閣制或教育州權獨大國家不同之處，台灣各級學校學生數逾五百萬人，加上關聯眾人有一千多萬，上述作法當然會傷害教育部與教育部長在教育領導上被期望扮演的角色。

若無限上綱，立法院將樂於介入全國教育事務，當大學與各級學校看到又是立法院在主導，誰會覺得應該先找教育部？但是經費預算與政策執行又是依法必須放在教育部，到時真正要負行政與政治責任的當然也是教育部，這時的教育部真叫左右為難。這是另一種掏空國家政務機關之舉，可笑的是自己的國家機器掏空自己機器系統的元件，這叫「自體免疫」吧！

另據二〇一七年七月四日報載，國家教育研究院已公布十二年國教社會領域課綱草案，即將進行公聽程序。其中受矚目的高中歷史課綱將有重大變革，必修八學分減為六學分，中國史由一點五冊的內容減為一冊，且由朝代編年史，改放在東亞史的脈絡以主題方式呈現；課綱用字力求中性，避免政治爭議。據國教院說法，歷史課綱特色包括將國高中課程明顯區隔，略古詳今，重點放在台灣最近五百年的脈絡。台灣史重點，放在如何認識過去，包括原住民族、移民社會及現代國家形塑，討論「台澎金馬如何成為一體」？及「追求自治與民主的軌跡」；中國史則由一冊半簡化為一冊，且以「中國與東亞的交會」來呈現，論及歷代華人和東亞國家的交流與互動，不再只教中國朝代史。大約十五年前掀起的重大爭議，是想將中國史放到世界史之中，現在則是縮小規格想放到東亞的脈絡中做討論，看起來，新的攻防戰又要開始，歷史一直不得安息！

在困境與危機中做決定

——幾個九二一與教育政務小故事

《世說新語》有兩則我很喜歡的小故事，放在「德行第一」的篇章中，是想要學習如何獲得教養、如何尊重他人時，可以參考的好例子。不過這是古代的德行觀，參考研議即可，不宜食古不化，以免徒生困擾。故事如下：

1. 荀巨伯遠看友人疾，值胡賊攻郡，友人語巨伯曰：「吾今死矣，子可去！」巨伯曰：「遠來相視，子令吾去，敗義以求生，豈荀巨伯所行邪？」賊既至，謂巨伯曰：「大軍至，一郡盡空，汝何男子，而敢獨止？」巨伯曰：「友人有疾，不忍委之，寧以我身代友人命。」賊相謂曰：「我輩無義之人，而入有義之國！」遂班軍而還，一郡並獲全。

2. 華歆、王朗俱乘船避難，有一人欲依附，歆輒難之。朗曰：「幸尚寬，何為不可？」

後賊追至，王欲舍所攜人。歆曰：「本所以疑，正為此耳。既已納其自託，寧可以急相棄邪？」遂攜拯如初。世以此定華、王之優劣。

《世說新語》雖是古書，但文字簡約淺顯，就不多作闡釋。要之，人在危機或困境中做決定時，處處反映了本身的教養，以及如何在困難時表現智慧，並做出預見長遠的判斷。但在直覺與決策的當下，實難以知對錯，做了之後的成敗或優劣，唯有事後才能檢驗。教養與尊重是講得容易，由上述例子可知，常需忍受不確定後果，甚至付出生命的代價。

二〇一五年年中在台灣發生了一個《世說新語》的現代版，也是一個令人悲傷的危機與因應事件，高中生為了歷史課綱的爭議一直難解，洵至演變成圍攻教育部、學生自殺、教育部四周長期布滿拒馬與蛇籠，成為民國以來教育史上的一大憾事。《世說新語》中提到一首庾仲初的〈從征詩〉，其中兩句「志士痛朝危，忠臣哀主辱」，只要把層級稍降到教育部，就可知文官在危急之時，應時時判斷是否能找到機會幫忙解除危機。真正的危機是應該有危機卻看不出來或沒去處理，原因則係來自缺乏洞見或輕忽，這些都需從情緒面予以了解，缺乏洞見是因為先有定見或智慧不足，輕忽則大部分是因警敏性不足或欠缺教養所致。

這類因缺乏危機意識而衍生出不理想結局的情事，其實隨手俯拾皆是，可以說都是自己惹出來的。在台灣有幾類人，應該是政府機關（尤其是教育部）沒事就不要得罪的，如文化人、白髮老教授、與學生。以前建中前面包括史博館、科教館（已遷移）、藝術教育館、與教育廣播電台在內，早已是一個聲名卓著的公共文化園區，行政院有一陣子竟想要把它改為自然生態園區，自以為在鬧市之中創造出一個自然生態園區，是多了不得的作為，我警告他們沒事不要得罪文化人，結果還是與文化人糾纏了一陣子，才無疾而終，平白惹一堆文化人生氣，又沒得到任何具體利益，典型的損人不利己。現在的例子則是想要解散與接管歷史悠久，與很多人成長經驗緊密關聯的《國語日報》，文化人也有一堆雜音。過去行政院曾以活化國有財產為名，要將國立大學閒置宿舍用地收歸國有，教育部那時態度明確，協助大學向行政院說明應有更好的作法，沒想到台大加碼召開記者會，讓十來個白髮蒼蒼的退休老教授坐成一排，連話都不用講，政府又輸了。至於學生在快三十年前的三月學運與最近的太陽花學運，以及高中歷史課綱抗爭的事件，可說影響國運甚巨，到現在還餘波盪漾，其發生原因都來自沒有及早警覺嚴肅面對之故。

有的人可能會說國家要做事要改革，怎可能不得罪人，什麼都不得罪豈有原則可言？這種說法乍聽之下義正詞嚴，但實際上是沒搞對方向，也不知道什麼叫做原則！方向與原則在評論是非時是非常重要的基調，不同立場的人都振振有詞，真的是事未易明，理亦未明，在這種模糊困境下，能從危機中走出生路的，大概就要靠經驗與智慧吧。

底下提幾個我親身經歷過的例子，它們都需在很短的時間內做出決定，可用來說明危機處理中的若干處理原則。

對待弱勢者與知名人物

從重大災難中最易體會弱勢者在落難情境中的苦處。九二一大地震災後一年左右，九份二山一位孝順的中年兒子終於找到了母親的下落，我趕到山上看他，點香對著小土丘拜拜之後，一起談談他母親的過往，一起摸摸他母親留下的乾燥的手皮，這是對他及他母親最大的尊重。吳乙峰拍攝製作的名片《生命》中，也提到這一對母子的感人故事。

在南投彭百顯縣長被檢調收押，阿扁總統剛好定期每個月來災區的時候，彭縣長母親知道了，就到九二一重建會跪求協助，我在外面陪同探訪災區定點返回時，在車上建議總統好好跟他母親見個面，阿扁很爽快的說「媽媽愛兒子，就像我母親一樣」，下車後快速往前扶她起來安慰她，我想這就是對落難之人母的最大尊重。

有一個大雷雨午後，台中市美麗殿大樓的幾十位災民，綁著白布條到中興新村重建會請願，我請他們進到在大雨中會漏水積水的會議室，聽綁白布條的他們說完整套故事，有兩個人還在旁邊翻白眼翻了都快半小時，有點對峙氣氛，不過他們也知道在大雨中能這樣，已經是對他們最大的尊重，至於如何解決，大家都知道要在兩個方案中選出一個（全部拆掉或局部補強），並沒辦法在短期內做簡單處理，因為另外一批沒來的是選與他們完全不同的方案，所以事情的解決應該還有很長的路要走。他們並沒有要你一夜之後就給答案，甚至也沒要你在一年之內就可以給答案，他們要的是有人聽他們講，最好也順便給一個方向，若沒給下次再來。

在重建時能想辦法給災民燃起希望，是對受難之人最有效的尊重；能想辦法讓小學生有機會被愛然後學習愛人，就是災區小孩最值得去追求的童年。在這一點上我最佩服志工團體與未受災都會區熱心人士之貢獻，他們不眠不休的努力，在災區塑造出奇蹟，直到今日大家還感念在心。這段傳奇太過豐富，我另外在《台灣九二一大地震的集體記憶——九二一十周年紀念》（二〇〇九）一書中，有較詳細之描述。這些故事有時讓我回想起年輕時一段火車上的經歷，一位藍寶石歌廳相貌堂皇的落難小弟替大哥頂罪的故事。他剪平頭穿木屐，我們剛好坐在一起，他讓我看一隻用報紙蓋住只剩下皮的手掌，應是很久以前被砍之後的結果。我當時三十來歲，剛搭台鐵要到東海大學去，他看起來年紀稍大些，說剛出獄沒人接，希望我資助一點錢，我將口袋中可以給的全給他了，沒多少錢。他中途下車，過了一陣子，車內的人跟我說，車外有個人一直向我揮手有好一陣子了，原來是他。

次論對知名人物之尊重。以前常聽到的笑話是，動不動就有人說「我的朋友胡適之」，當作閒話一句無妨，但若真淪落到拿著前輩名人簽名向外炫耀自己的關係，那就不太理想了，因為這有點像在炫耀自己出色的兒女一樣，前輩名人變成你的兒女不太好吧，顯然不知尊重。知名且在其領域中做出貢獻的人很少是倖進之徒，也不是供別人拿來炫耀用的，若是利用這樣做來牟取利益，或滿足自己的虛榮心，那就更為不妥了。講兩個例子供參。

二〇〇三年初順道到京都島津製造所，拜訪剛獲頒諾貝爾化學獎的傳奇人物田中耕一，沒想他們都在門口相迎，了解日本人多禮作風的人不會特以為意，當客人就有點不好意思了。座談聊天完畢要去田中實驗室參訪前先照個相留念，沒想田中禮貌安靜的站到後面一排，島津社長也不以為意，好像認為本來就應這樣。我想這還了得，趕緊拜託社長請他坐到前排中間來。假如真的讓田中站立而我們坐著，照出這樣一張相片流傳出去，先不說別人如何解讀，我是會懊惱一輩子的。

後來在擔任中國醫藥大學（CMU）校長期間，到聖地牙哥加州大學（UCSD）簽約訪談，錢煦院士安排幾位教授一起聚餐，與徐遐生校長有好一陣子沒見相談甚歡，但在合照時，沒注意讓莊明哲院士站到後面去了。他們都是我在學界中一向尊敬的前輩，本來應該有個照片登上CMU電子報做個交代的，但現在照成這樣，那是絕對不行了，所以就將這張唯一的合照照片給存檔了。

人與人之間的來往，應該是不卑不亢，允執厥中。所需者放心放手，不必強求，自然就好，但有不合禮數之處，卻須趕快修正才對，這是人之義理，馬虎不得。

機構與名器需要維護

很多事情是要花力氣才能維護的。當政務官員也是有長官與行政倫理，但在關鍵時間點上，對機構與職位名器之尊重及維護，還是應該優先於對長官的。這是我進入政府後經歷最多感想最深之處，就多說幾個例子吧。

以前我在政務委員任上全職負責九二一震災災後重建時，朝小野大的立委與政黨凶猛得不得了，想到就砲轟，拿一堆不知從哪裡來的數據唱衰重建效率。職責所在我就也開記者會，痛罵國民黨立委與政黨從台北看天下，不到地方災區來實際看一圈，就在冷氣室戴著墨鏡開記者會，講的話看事情的方式又蠢又凶。結果他們回說你們自己的長官也在開罵呀，又不是只有我們有意見。我就趁勢意有所指了一下，建議不要沒事抓癢，想到就打自己小孩給外人看，爽是爽極了，好像又博得一個聲名，讓人覺得大公無私不護短，表示其實我們家教不錯，只不過小孩有時候野了一點！這真的是沒道理之至，也大大影響前線士氣。這些都是沒必要之作為，我們是替國家做事，當兩邊的政黨或長官沒教養，或因政治目的扭曲了事情應然之道，那可是不必勉強配合的。

這種事太過沉重，讓我們講點其他的。最近有一位學生在二〇一七年經過推甄考入台大醫學院研究所後（尚未註冊），被發現在他校念書時，涉嫌騙拍未成年少女裸照並 po 上網，馬上面對應如何處理之問題。該學生在犯案時並不在台大念書，而且現在已進入法律程序，是否可以因脅迫未成年少女、侵犯私領域、傷害校譽等因素，而追究其責任？台大代理校長張慶瑞告訴我們說，這次碰到的案例非常清楚，就是行為嚴重違犯，若真的進入台大念研究所，社會上一定覺得不可思議，師生一定反彈，但這類案件的處理在正規程序與實質影響之間，依違兩可，難以馬上取得均衡，令人非常頭痛，因為也有不少人（包括教育部）主張，學生尚未註冊入學，還不能算是台大學生，而且犯案是在他校念書時所犯。這種案件不上不下的，讓我想起過去法界所判一個令人匪夷所思的案件，車輛肇事致路人癱瘓，破案後因無法確定車中兩人誰是真正的駕駛者（一位是長官，另一位是下屬，下屬自始至終堅稱是他開車，兩位證人則指認係長官駕駛，但依證據與證詞皆無法確定），因此雖然比不知某人是否犯罪的不確定性低，但仍可稱為「不確定之確定兩人」的狀況下，還是依無罪推定原則，無罪定讞，亦即雖可另判民事賠償，但判不成共同正犯，故不必負刑責。這種判決既是無厘頭又冷血之至，引發了社會強大的批評聲浪。這也是讓社會百思不解的邏輯，但法律人還是很堅持這種看法，這個案例有一次在甄試法官與司法官的場合提出來過，這些未來的法界重要新人，大部分也是持類似觀點，可見是根深柢固的法律見解。雖然有識的法界人士跟我說過，可參考美國辛普森（O. J. Simpson）殺妻案之例，也許在刑事上難以追究責任，但可判處大額民事賠償，以替代刑事責任無法求刑下的救濟，不過大部分人還是聽不懂，因為依他們想，只是為了一點奇怪的程序問題，居然罔顧人間正義。在這種狀況下，找不到出路，人民當然痛罵是恐龍法官，但學法之人卻自覺無奈無辜之至，因為這就是民主法治的核心精神呀。我當然知道這種難處，無法輕易解套，必須要先統一見解才行，真是令人頭痛啊！

但是機構的聲譽需要維護，學生的行為還是需要規範，縱使時代與觀念的尺度變遷迅速，這兩件基本要求還是要穩穩守住。以前我在台大時曾任獎懲委員會主席，有醫學生考試作弊送進來，當時的醫學院院長黃伯超在會上表示醫學生是以後要當醫生的人，又是最優秀醫學院的學生竟做出這種事，請求委員會同意依醫學院會議之共識，予以退學，但因對這類行為還是有全校一致的基本規範在，最後依校規中相對嚴格的標準處置，以最接近退學的留校察看方式結案（留校察看的處分比記三大過嚴重，期間再有任何違犯立即退學）。我以前在中國醫藥大學處理過一位中醫系中西醫雙修的實習醫學生涉入分屍案的案例，也是已經進入法律程序，但已有明確自白，應該要送學生懲戒委員會處理，第一次會議居然有些委員認為好不容易培養出來，都快可以當醫師了，還是放一條路給他吧，竟未做出退學處分，但這種人可以當醫生嗎？我覺得真是不可思議，作為校長有責任要求再議，涉案學生則找了律師隨時準備要反告學校違反程序。最後退學結案，雖然免不了要做後續的法律訴訟，但總算有一個交代。

這些都是一個嚴肅的學習機構為了維護校譽該做之事，但有時並非每個案例都這麼清楚易判。

台大獎懲委員會另有一案子，係醫學院圖書館指稱農學院某學生在某天早上偷書被抓，管理員看了借書證，故知其名。館員在委員會上當面指認該生即為偷書人，但該僑生有另一位同僑居地同學出來替他做不在場證明，作證當天早上他們一起在東南亞戲院看電影，並謂當天早上沒注意到借書證的下落。委員之一是法律系教授，他提出民事訴訟法條文供參考，說某物若昨天下午在身上，今天下午也在身上，則可推定今天上午一定也在同一個人身上。若採用該條文，則不只該生需退學，另一位則是偽證。但該條文的法律邏輯實難理解，因為借書證當天早上失而復還的可能性仍在。大家都覺得應是該生偷書沒錯，但苦無證據（如照相、錄音、自白、借書證影本等），又不敢用那條奇怪的條文。當時我實在聽不懂這種法律邏輯，因為最基本的問題是，沒錯，當天早上依此邏輯可以同意，借書證應是在該學生身上，但不能確定圖書館管理員是否真的抓到這位學生而且看過他的借書證，也沒有其他人出來作證，而這位學生居然有人替他做不在場證明。不過越來越多的委員傾向同意圖書館管理員的證詞，其實我也是。但就卡在沒有可用之證據，而且若認定確是如此，必定退學，因此連家長都飛來關心。經過多方審理，逐漸突破心防，讓不在場證明的說服力愈來愈弱，最後以最接近退學比三大過更重的留校察看作結，在沒人反對下定案。

講了這些背景案例，是為了對上述po未成年少女裸照學生的處理提供一點心得。我的看法是本案雖已進入法律程序，但若當事人已做相當程度之承認，則因該生已具入學資格，故學校應可就傷害校譽與該生行為違犯公序良俗及脅迫未成年少女等項，予以處理。學校處理後可能衍生案外案的法律訴訟，那也是沒辦法之事。學校領導團隊可依正規程序送學生獎懲委員會（有學生代表），討論依國內外慣例，是否有受理之正當性，若無正當性受理，則由具專業性與代表性的委員會對外說明，若有正當性則逕予處理可也。要不然，外界會說，哈佛大學也發生過這種尚未進來即被發現有這類情事，甚至規模及嚴重程度還小很多，就有十幾人因此被撤銷入學許可。而且台大最近已被社會批評在論文造假案件上嚴重違反學術倫理，現在竟然連這類更明顯的行為倫理違犯都不處置？有人說若這名學生在推甄面談時發現有這類情事，絕對不會錄取；註冊入學後大概也很有可能被做出退學處分。那為什麼在這中間居然不能處理？這種邏輯與上述學生偷書案的法律觀點相似，但更具正當性。根本的問題是，台大的校譽要不要維護，又如何有效維護！

對文官體系的尊重

我一直認為工程基礎技術與人才，還有文官體系，外界雖有不少批評，但公允而論，應是台灣今日有如此成就的主因之一。這兩者有效的整合，鋪陳了公共工程與國家基礎設施，也促成了民間產業在此平台上的勃興。因此我對到政府工作，並不排斥，也覺得文官體系真的需要再發揮更大功能。

到教育部才半年就有九二八教師大遊行，號稱十萬人。院長游錫堃不知站在什麼觀點以為可以敉平這場遊行，找了發起遊行的一千人等到行政院談談，會談前先找我進去說，等一下批評教育部幾句你可不要介意，但後來實在是講得離譜了，我忍不住起身回覆，回部裡再補一槍。這一段我在《在槍聲中且歌且走——教育的格局與遠見》（二〇〇五）一書中，有比較詳細的敘述。其實過度違背比例原則的拉攏是沒用的，他們照樣發動教師大遊行，這是既定原則，大家可以談談，但是主張仍是要提事情還是要做的，這一招我在台大幾十年參與很多，老早就司空見慣。因此在我看法，平常心對待即可，不必為此而罵自己家小孩給別人看，何況中小學老師們與教育部的關係也不能因為一個遊行，就弄得亂了套，行政院與教育部的名聲也要顧一顧，所以非得違反一下個人對長官應有之倫理，來成就更大的機構與文官倫理，好在阿堃也不太離譜，度量大，並未找我麻煩。

離開教育部時，游錫堃要我接任專職國策顧問，我當面婉拒並表示感謝之意。林德訓事後來電，我知其意，先不回。以前在負責九二一重建業務時，德訓都要到中興新村與中部，安排總統每月固定的災區勘查行程，故甚熟悉，我就要人轉說過兩天回覆。之後在最後一次的部務主管會議中說明整個狀況，勉勵同仁賡續加油，解釋不接離部後安排之理由，並感謝長官照顧之意，之後即回電德訓，說明已在部務會議中感謝大家過了。德訓很聰明聽懂我意思，說那就算了，本來總統想約見的。我想這些作法，無非是為了能夠同時尊重直屬長官，尊重教育部，與尊重教育部長這個象徵職位，而且對應該行政中立且應盡一切可能維護尊嚴的文官體系，也會有示範作用。離部前游要我接受國策顧問（不管是有給或無給職，當然都是總統的意思），不從，其理由亦同，乃因個人事小，教育部長之象徵意義需要維護也。這件事的基本原則是，長官不能失禮，但政務官也不能失節。換部長時，我正路過美國拜訪他們的教育部長，並前往智利參加APEC教育部長會議，游院長有先打電話告知，所以我並不以為異，但回國後發現社會上很多人認為這種作法，違反國際禮節，不足為訓。之後長官的表現如上，可謂中規中矩並無失禮之處，我是應該適時表達感謝之意，確實也這樣做了。但長官不應失禮，政務官更不能失節，因為國家龐大的文官體系都在看，一人失節事涉不只一人，而是逐漸腐蝕了「有為有守」的基本治國原則，那才是不可承擔之重。

以前國科會人文處退休同事魏小姐提醒我一件事，也是與文官體系有關的。她說我曾處理過一位教授來函申覆研究計畫沒通過之事，以前國科會本就有申覆制度，這位教授所提申覆理由也還說得過去，但在信函中本性難改，諷刺審查人「官大學問大」，審查人其實都是學術界中人，談不上什麼官，連我們從大學去當處長的都以研究員方式聘任，因此我就親筆回覆這位教授說，所提申覆案子尚有理由可予重審，但請收回「官大學問大」這種沒什麼道理的不當言詞。這位教授趕緊來函道歉，大概想既然已經申覆成功，就違背一下本性吧。提這個案例也是在說明，為了維護文官體系的正當性並給予適度尊重，是隨時要有行動來促成的，該認錯就認錯，不該認錯就要強力澄清，而非只是口頭講講或者抱怨兩句，好官我自為之。

教改要走回頭路？

以前有一些資政與國策顧問強力提出來，希望能回復傳統聯招與停止繼續實施國中小九年一貫課程，這種主張根本就是當時國民黨打選戰的民粹主張，總統召集會議找這些人來談這些問題，談了兩個多小時，我是教育部唯一當然代表，當場表示沒有一項是可以同意的。

教改實施十來年，雖然主觀上很多人意見強烈或不以為然，但在理念與已有績效的客觀指標上觀之，實無任何走回頭路的道理，而且這些事情都已行之有年，經過一連串的正規程序走到今天，豈可人云亦云跟著起鬨。張建邦是當時會上極力支持我這種想法的資政之一。會後送客，阿扁說，資政與顧問有意見不能不開會，但怎麼做最好就由你自己來研議吧，若有需要我到教育部做一些宣示可再安排。我在負責九二一重建時，總會利用每個月總統來災區時，準備一些重要的措施請他參考並做宣告，因此這種話我聽起來是有點安慰的，雖然以後也不必用到這一段。事後有一位資政向《自由時報》記者抱怨，說那個姓黃的不好溝通。嘿嘿。

太陽花學運與歷史課綱事件

二〇一四年的三月太陽花學運誰是誰非的辯論已告一段落，因為再辯論下去於事無補，它的影響已席捲二〇一四年底的九合一選舉，一葉知秋，何況是狂風掃落葉，其影響一直持續到二〇一六年的總統與立委選舉。回過頭去看，與一九九〇年中正紀念堂的三月學運相比可說互相輝映，但政府部門的處理方式及其後果迥然不同（參見本人〈在雨暴風狂之中，翻身〉一詩之後記）。

依過去慣例，教育部一定會儘快組成醫療站與團隊，設站在附近保持緊密聯絡，以備不時之需；並請大學校長與師長對參與學生時時給予關心，隨時了解最新狀況以便協助。教育部人員更是穿梭其間，忙碌不堪，部長則在上級尚未真正介入時，找個凌晨時間關心一下。但針對這次太陽花學運很不容易看出有這些安排，只看到公民一九八五行動聯盟與柳林瑋他們出來組醫療團隊，行政院長則在沒有充分準備下，出面與學生代表短暫站立對談，出現不歡而散的局面，實在令人訝異，看起來教育部根本無自主空間可依其經驗做出有效處理。之後不久，我也很驚訝的發現，同樣的運作模式再次重現於高中歷史課綱修訂事件中。

歷史課綱的修訂一向非常政治化，主要是有些地方會涉及國家定位與史觀，大家都不放心會被修成什麼樣子，因此依過去經驗，每次修訂都不是一次即可就定位的，我在二〇〇三年就碰到一次震撼教育（見本書〈歷史課綱十年流變與年輕的生命〉）。那次大概太過震撼，轉成創傷式記憶（traumatic memory），依據精神分析學的觀點，是會被壓抑到潛意識之中的。由於二〇一四至二〇一五年再次爆發這種事，我請教了一些人，也看了網路上的過去紀錄，才逐漸恢復記憶。負有權責的教育部，在過去的事件與狹縫中，早就學會如何依程序做應該依法行政的事，但這次出大事了，因為在二〇一三至二〇一四年沒照規矩行事。吳思華部長在剛開始時其實很難進入狀況，因為這件事的源頭在他來任之前就已深埋，在逐步形成危機之後，又因黨政高層壓力，竟未能依國家教育與教育部的自由及自主性立場，堅定的來處理這些問題，以致釀成攻進教育部與學生自殺留下撤課綱遺願之大禍。

高中生過去興致一向很高，以前就經常會「路過」教育部，我若時間許可，有時會請他們上五樓喝茶聊天，學生有備而來，記者蜂擁而至虎視眈眈，看會有什麼事發生。學生出招啦，他們你一言我一詞，都說部長你不知道我們在考試壓力下有多痛苦，要不然你與我們一起來考一場作文好了，就知道考試壓力有多大。你想這種事可以答應嗎？學生整篇寫得再不好，總有一兩行寫得不錯的；我寫得再好，總有一兩行會結結巴巴的。記者當然要對學生揚善，對部長要求高些只好揭惡啦，所以不管怎麼做都不好，最好是轉移注意力，別在這上面做無意義文章了。我就說不必啦，你們都沒當過真正的文藝青年，我可是在高中就與同學辦過文藝雜誌，寫詩寫文章，是如假包換的文藝青年，所以我們來談點別的吧。我想他們之中有些人，現在應該已是學運與社運或者各行各業的要角了。

這個社會有一些特別需要靠形象名聲過活的行業，譬如大學、教師、法官、商標產品、與政治人物。因為當他們開始不在意形象時，小則造假，大則政商勾結、制定不知廉恥的政策、出賣人品甚至賣國，貽害好幾個世代。教育部更應注意，以促使教育與首長維持形象，留下處事中立與轉圜之空間，並實踐《教育基本法》所揭櫫的原則。這種中立、開放、自由的精神，不管在什麼時代都是一樣的，此稱之為形象。教育部現在為了應付歷史課綱的各種爭議，在機構總部四周圍上鐵絲網長達半年之久，實在太過突兀，失去教育部最應著重形象之合宜作為，令人難以理解。

教育部要做的，應是依普遍原則，遵守政治中立與社會正義法則，在尊重文官體系職權與正規行政程序之下，讓歷史專業得以在此平台上，自由與自主的決定內容。若係國家有共識之原則（包括轉型正義議題），可依程序放到該平台上，依共識形成規範。這是民主法治之常軌，非關意識形態。若不此之圖，就去負政治責任吧。一個人要做什麼事，要先能通過自己設定的原則與良心之考驗，至於歷史定位，那是要到下一代才能幫你決定的事，本末不能倒置，多少罪惡是假歷史定位之名而行之的，想想希特勒吧。

教育本是歡樂的改變與成長之事，台灣的教改主軸也一直是「還我們孩子一個快樂的童年」，但是時代的變化如此之嚴苛，我們的學生從歡唱的校園出發，在雨天集結在教育部周圍，伺機於夜間潛入，兩相對比（如所附照片），落差如此之大，寧不令人痛心。

歡唱的校園

風雨中的攻防（李天任／攝）

大學校長的進退

大學與校長都是所謂的社會名器，大學是國家未來人才的主要培育所，在社會動亂時當為堅固的正義堡壘，在社會啟蒙時做強力放送的燈塔。大學是否能夠在不同狀況下發揮應有的功能，與校長當然是有關係的，有些大學是因校長而貴，更多的校長則是因大學而貴，但不管如何，大學與校長在社會上都有很強的象徵地位，需要時時給予適度尊重，大學的正面功能才得以發揮。

有一次遴選某國立大學校長，最後在教育部遴選委員會推舉出來簽定後，送到行政院核備，但被認為有國安問題，阿扁在國家音樂廳參加音樂會時碰到我，也表達關切之意。之後我給國安會秘書長打電話說明大學校長具有象徵性，事情可大可小，若有明確國安證據一定會配合撤銷，但若沒明確證據的事，還是一定要用這種嚴重的安全理由弄人下來，那換我走人。最後當然是證據不足了事。

北醫有一年選校長，碰到了教育人員任用條例的問題，因為法律規定大學校長資格，其中一條是要當過大學一級主管，剛好董事會選出的人選不符這個條件，大概是美國一間好大學的附屬醫院的神經科底下，一個研究小組的負責人之類，依照台灣算法，大概是三級以下了，因此雖然名單已送到教育部，在校內仍有糾紛。北醫董事會急了，就到教育部來磋商，其中一位董事是醫界前輩，滿頭白髮身材偉岸，大概心急如焚，根本不知道進到什麼地方，也不知尊重主管官署，一開始就出言表示不滿，意指教育部不支持，我告以本人最尊重年齡，但是事有本末，我都還沒弄清楚，你就說我不支持，那我們今天就不談了。一陣混亂之後，當然就依節奏釐清狀況，之後相談甚歡。事後，我想應給未來就任的校長有個尊嚴，避免校內糾纏不清，就要吳聰能主秘（時兼高教司長）召開所有醫學校院長參加的小組委員會議，來認可這件事。縱使如此，北醫原創辦人之一仍然告進監察院，扯了好一陣子，約談幾位高教司同仁，不過因為有通過這個程序，基本上沒什麼大問題。後來在杜正勝時重組董事會（北醫已由教育部接管重組董事會二十餘年），新任校長與新董事會之間磨合得並不順利，那是後話。

立法院是國立大學校長每一年總要來報到之地，他們至少都要來一次教育文化與預算委員會聯合會，審每個學校的預算，沒來當然可請假，但是結局如何自己要負責，這是一個有冤報冤有仇報仇的場合。委員不爽幾位校長，就叫南部大學的校長全上台去，要我給這七八位校長排個名次。我跟委員說要尊重大學校長，大學校長是不能這樣排名的。有時這些委員會對在場五十幾位校長說，你們贊成恢復傳統聯招的請舉手，我當然也是出來，請求委員不能當場強迫大學校長在未經充分討論下表態。立法院的聯席會坐滿了記者，立法委員也會斟酌我講的道理，他們大體上都不為已甚，但我若不先出手阻擋，那可是會釀成悲劇鬧劇的。

離開教育部一年後到中國醫藥大學，已當了八年校長時，二〇一三年五月二日，立法院一位女性立委發動批評社會上一直沒停止討論過的，從公立機構退休後轉任私校的雙薪議題，這件事套一句現在流行的話，有人喜歡把它稱為合法但不合理，這種事在過去雖然很難談出個大家都同意的辦法來，但確實是作為一位立委應關心應提案討論之事，也可趁此機會推動重要的制度面改革，若真不合理又沒依據可以規範，就盡速立法不准也是一個好辦法，不要一直只能做道德式的要求。對這件制度的修正，基本上大部分人應是持肯定態度的，因此我認為她本意其實沒什麼不對，甚至可說是善盡立委職責的。但大概是立委當慣了，一講起話來流彈四射，又沒來由的冠以門神封號，這真是對人及機構之不尊重，何況還是針對大學與大學校長。

我與此人素昧平生，在內閣之時，她尚未進入立院，但她大概對教育學術圈，尤其是對大學想努力維護的傳統與學風尚無深入了解，講我事小，但門神之說，對一間經過很大努力才獲得聲望的大學暨附設醫學中心，等於是發動全面攻擊，若我不出面維護校譽，那才是不稱職的校長，但考慮到人不能在原位反擊，反而留下負擔，要很快結束戰爭又還學校一個公道的最簡單方法，唯有辭職，發聲明述說緣由，之後再大戰一場。但我是董事會所聘，辭職當然要經過董事會，不過人若真的要辭，沒人可以擋你的，倒是禮貌上要不要先打聲招呼再行動？時間已經不早必須趕快處理，若先打招呼，站在董事會立場一定會先挽留，一陣拉扯後又非做不可，反而傷了感情，所以就在事情發生的四個鐘頭內，先發聲明緊接著再向董事會說明。

簡要來講，我是先以個人名義發表辭職聲明：「立法委員身居國家重要職位，竟可在未經查證，深入了解中國醫藥大學如何經多年努力後，才能逐步獲得教卓與國際排名世界五百大亞洲百大之艱難過程前，率爾汙衊任意構陷，個人事小，對我校師生員工之長期努力，實屬不公不義之至。本人身為大學校長不能受辱，本校師生員工尊嚴與學校正規權利更不應因此受到不當損害，本人將立即向學校董事會辭去校長一職，以示抗議與負責之意。至於所謂軍公教退休後不應再做專任職務與領薪給一事，本人並無特殊想法，只要政府明令施行，無有不遵從之理。立法院要做何類監督，為其固有職責，本人一概尊重。」事後我才知道，原來那天晚上真正徹夜未眠又鬥志昂揚的，是學校的同學！

隔一兩天之後，又再補一封給老同學閒聊的信做個總結：「——最後則是對我過去老東家遙遠的示警。國家需要能夠帶領進步的民進黨，民進黨也需要正直與進步的大學當其後盾，若民進黨未見及此，會是個災難。現在不得已做這個大動作權當遙遠的示警，實是我這個過去在民進黨大開大闔時期做過四年政務官閣員者，所應盡的責任。」事後有一天在學校電梯碰到一位附設醫院的醫師，他說若沒碰到這種事，你可能沒機會知道學校師生有多支持你吧。唉，我是寧願這種事情不要發生，到頭來大家都受傷，又不一定願意從事件中獲得教訓。

以後的事都寫在二〇一四年出版《大學的教養與反叛》一書的後記〈五月怒辭，非關個人〉之中，請逕行參閱。整個事件始自不知尊重，反擊也是因為對機構與大學校長名器之尊重，而非其他瑣瑣碎碎的技術性理由。我在這間學校當了八年半校長，一直主張也勉力完成，希望先能建立自由學風（對一間台灣的私立大學而言，當然是非常不容易的），以及建立起人文關懷傳統（對一間醫藥大學而言，這是一定要做到的），之後在此基礎上發展學術卓越，才是能夠契合教育本質的真正卓越與一流。當大家都很努力往這方向前進並開始累積成績時，發生前述事件實在是很傷人傷校的，我出面辯護並做必要處置，勢所必然，不得不發。

不管高等教育機構或學術研究機構，包括政府公權機構，大部分的狀況是人因機構（與職位）而貴，極少是機構因人而貴的，因為機構至少是百年根基，主管與首長則是過客，很快就要交棒給下一位，因此維護與打造機構聲譽及厚植實力，是非常重要的，這是普世原則。前一陣子台灣也發生了中央研究院翁啟惠院長的科技專利轉移與股票風波，以及台灣大學楊泮池校長作為論文合著者應如何為論文事件負責的大問題，這兩個事件對台灣的教育學術界影響至為深遠，尤其在社會氛圍這幾年來鐘擺擺往對多元卓越不利的方向，對學術卓越遠不如對公平正義之重視時，又發生這些事情，真是流年不利雪上加霜。翁與楊兩人的學術成就已不只是個人傑出而已，過去也因其多方位參與對台灣做出重大貢獻，我想他們兩人心中一定百味雜陳，對人情冷暖應也有諸多感慨。這兩個需要好好面對處理的事件，還未到全面可以做出最後論斷的時候，但我相信，只要社會與當事人以機構為念，以教育學術發展精進為依歸，總會走出正確方向的。

政治中立與社會正義原則

民主國家將軍隊、司法、教育列為應政治中立之首要項目，在政黨政治與選戰激烈之時亦然，其理甚明。軍隊不中立，國家危矣；司法不中立，會成為政治工具，整肅異己；教育不中立，將國家分為兩群或多群頭上被貼標籤的人，年紀輕輕就被灌輸對抗之意識形態。台灣當然也知道這些要點，原則已明列一些基本法令中，但仍難抵抗台灣長期「立法從嚴，執法從寬」的困境。如對政治中立原則之遵守，是言之鑿鑿，但在實際運作時（如選舉期間）就打折圖個方便，有時更是朝己方有利的方向傾斜。

主張教育中立是對《教育基本法》之尊重，也可讓政務官員不致進退失據，得以謹守分寸。唯有政務官尊重自己，履現政治中立角色，才能強力要求政黨勢力或選戰烽火不得進入校園，也可強力要求校長教師不得在教育現場失去分寸。所以我在大選期間，即公開表明將如何扮演教育部長角色，亦即不站台不輔選，但要巡迴國境之內替教育政策辯護。有立委說你這樣不算輔選嗎？我說不站台不輔選，在政黨政治國家大選時，對一位政務官員而言已是極限，若連政策辯護的工作都不做，這算什麼政務官！像我們這種作風在過去國民黨掌政期間，是不可能存活的，所以他們也只是隨便問問罷了。

同樣道理，也可用在社會正義原則之上。過去的私立大學依《私立學校法》是捐資興學，但在過去為圖方便或對自己有利，就不實質尊重，演變成投資辦學，睜一隻眼閉一隻眼，行之有年。未來十年，大學面臨生存問題，是應該檢討原來的規定，甚至要大幅修法，否則無法解決事關生存的嚴重問題。台灣的教育長期以來，講的是學校有公私之分，但教育無公私之別，既是如此，何以私校大半拿不到國家的同等資助，又嚴格要求做到捐資興學的精神？在這種矛盾心結下，逐漸就變成立法從嚴執法從寬，除了宗教與大企業辦學，以及若干注重聲名的大學外，捐資興學及投資辦學就攪和成一鍋，形成重大爭議。教育部與大學現在面臨很多困難，涉及修法與轉型生存問題，又逢倡議轉型正義之風正盛，若修法太過，免不了也要算算舊帳，因此一時之間大概也無千金方，要之須持不卑不亢、哀矜勿喜的心態面對問題，才有可能從未來十年的紛擾危機中走出活路來。

這些都是因為過去對政治中立與社會正義這兩樣國家運作礎石，陽奉陰違，不知真正尊重也不具體實踐之後種下的惡果，等到實在應轉換觀點時，不同觀點的雙方對壘大戰，主張先把責任算清楚再說。這樣一來真的是寸步難行，過去都是因為輕忽因為不知尊重所造成的，要解決就要換腦袋與努力求取共識，讓我們保持樂觀期待吧。

結語

回首前塵，由於曾有機會很長一段時間，參與治理國家政務與大學辦學之故，因此得以在人生現場經歷了廣大光譜上的眾多案例，學習如何做快速判斷與合宜的因應。歸納起來，針對這些因眾人之事所衍生的個人（弱勢者與知名者）、職位與名器、機構、政策制度、與治理政事之普世原則，都應學習如何給予適度尊重以及做必要之實踐，在此過程中，逐漸發展出一種治世哲學，也就是：「該戰則戰，能逃則逃，在堅守原則下審時度勢求取均衡」。要之，心中無私無我，絕不戀棧，用之則行不用則藏，能做對的事又把事做對，快做；沒辦法做到時就快走，別講東講西，還在那邊比手畫腳的。因為一般而言「求取均衡」其實很難，所以判斷與行動要俐落，才能顯示教養與格局。上述所言其實卑之無甚高論，正如《論語．述而篇》孔子所言：「子謂顏淵曰：『用之則行，舍之則藏。唯我與爾有是夫！』子路曰：『子行三軍，則誰與？』子曰：『暴虎馮河，死而無悔者，吾不與也。必也臨事而懼，好謀而成者也。』」走了一大圈，原來歸納出來的無非古人的集體經驗，歷史智慧誠不我欺，就謝天吧。

輯 二

學術與政治之間

學術與政治之間

這是一個從不曾退流行的題目，但兩者之間經常充滿張力，不只爭議不斷，有時也會釀成重大悲劇。底下分就歷史軼聞與時代特例，評論幾個話題。這些案例之所以引發關注，其背後的理由很多，不過其中之一應該是社會上認為政治是一種世俗的權力，學術則代表知識的權威，當兩者碰撞時，社會一般傾向於先支持學術，學術對政治則傾向採取嘲諷或對抗的論述態度。這股制衡政治或行政傲慢的強大力量，也會擴及對抗知識或學術上的傲慢，那就是社會集體常識與普世的人權觀點。這些都還算是正面的例子，另有一些負面案例，如在壓力或誘惑下，往政治方向傾斜或屈服，成為共犯結構的一員，以及學術敗德嚴重戕害人類福祉，成為學術汙點的例子，將在〈學術敗德與領導失靈〉一文中，進一步討論。至於學術人如何品評政治、面對政治性事件如何做反應、以及政治如何對待學術人，都是可以另行探討的課題。

狄拉克與霍金

狄拉克（Paul Dirac）是與薛丁格（Erwin Schrödinger）同年（一九三三）獲諾貝爾獎的大物理學家，薛丁格的政治遭遇，已另寫在〈古都的哀愁：維也納、布拉格、華沙、與克拉科夫〉一文中。狄拉克是一位研究原子理論，一生追求科學的美與簡單性，生活單純的大科學家，寫他傳記的法米羅（Graham Farmelo），就以「最奇怪的人」（*The Strangest Man*, *2009. New York: Basic Books*）作為書名。他對杜思妥也夫斯基的小說《罪與罰》（*Crime and Punishment*），只有短短幾句評論：「這本小說不錯，但作家在其中一章寫錯了，他寫說太陽在同一天升起兩次。」當歐本海默（J. Robert Oppenheimer）想送他幾本書看看時，他禮貌地拒絕了，說讀書會干擾他的思考。他很少與政治有何關聯，但有一次在一九五四年七月被倫敦的美國領事館拒簽入境許可，據信是因為在二戰前曾到俄國參加過七次科學會議；還有由ＦＢＩ的檔案判斷，可能是因為他想到美國找歐本海默，討論劍橋大學擬給予的教授任職邀約，那時的歐本海默正苦於對他不利的安全檢查，有興趣接受來自英國的邀約。

霍金於一九九五年十一月十三日在西敏寺出席狄拉克的贈勳立碑典禮時，說英國在他死後十一年，才體認到他可能是繼牛頓之後最偉大的英國理論物理學家，而且給他立碑。霍金說狄拉克提出了量子力學的一般原則，並依此證明海森堡與薛丁格的理論是等價的，他們三人是量子力學的創建者，單憑該一貢獻就應入祀西敏寺，何況他還結合狹義相對論與量子理論，在一九二八年發現電子的相對論方程式（或稱狄拉克方程式），假如他申請專利，所有的電視機與電腦都要付他權利金，他將成為世界上最有錢的人之一。霍金說狄拉克是繼愛因斯坦之後，促進物理學與改變我們對宇宙看法貢獻最大的人，當然值得在西敏寺為他立碑，但拖這麼久實在是一件醜聞〔該講詞收錄在 A. Pais, M. Jacob, D. I. Olive, and M. F. Atiyah (1998). *Paul Dirac: The man and his work.* Cambridge: Cambridge University Press〕。他如此替狄拉克講話，真是令人感動，霍金在二〇一八年三月過世，已確定入祀西敏寺。

霍金說狄拉克從不多話，但當他真的開口時，那就值得好好聽。我訪問過劍橋幾次，有一位教授在介紹聖約翰學院（St. John's College）時說，當狄拉克還在劍橋時，睡在樓上，在學院搭伙，大部分坐在那個固定位置上，默默吃飯。我看這位教授在專注的回憶中，充滿了懷念之情。

雷得曼與 SSC

一九八八年獲諾貝爾獎的粒子物理學家雷得曼（Leon Lederman）在 *Beyond the God Particle* 書中，為美國國會在一九九三年十月取消「超導超大型加速器」（Superconducting Super Collider, SSC）興建，做出嚴厲批評，認為這種短視讓日內瓦 CERN 的大型強子對撞機（Large Hadron Collider, LHC）得以捷足先登，在二〇一三年發現了上帝粒子希格斯玻色子（Higgs Boson）。他是SSC的主要推動者，說這些被選出來的國會領導人，若不胡搞瞎搞這些事情，「假如國會真的是一群領導人」（If Congress was truly a body of leaders），那應該會想辦法繼續推動SSC，則十年前就可以發現標準理論所預測出來的基本粒子，這是一種具有質量的玻色子，沒有自旋，不帶電荷，非常不穩定，在生成後會立刻衰變。他也說網際網路（WWW）是粒子物理研究的直接副產品，只要從受益於WWW之收益的每年稅金中，抽取〇．〇一％給粒子物理學界，則SSC早就建好，也不至於讓它在德州的Waxahachie小城變成一堆爛泥，十年前就可以先於CERN發現上帝粒子，而且接著可以推動建立下一代的加速撞擊機器。他罵起來是入木三分，可見對這些政治人物是忍無可忍了。

巴爾的摩的研究倫理爭議與因應

在台大郭明良案子發生時，社會評論有時會以巴爾的摩（David Baltimore）的辭職作法要求台大校長楊泮池。一九七五年諾貝爾獎得主巴爾的摩出任洛克斐勒（Rockefeller）大學校長時，被指控他過去在麻省理工學院（MIT）的實驗室涉及造假，甚至要到國會作證，他很快辭去校長職務。但基本上，從學術觀點而論都不是他的問題，因為造成爭議案件的合作者，是MIT另一實驗室的研究人員，在這點上楊泮池的狀況與他的很類似，因為造成爭議的是郭明良實驗室的結果。就因為這種對比，讓一些人以同樣的標準要求，而且非常急切地認為要馬上先找人代理校務或辭職，不管如何，楊泮池也是在幾個月內宣布辭職，就處理時間長度來看，與巴爾的摩應該也差不多。這樣看來，台灣社會對台大校長應該是有更高期待的，至於是否合理，則是另外一件事。

一九九一年夏季，所謂的「巴爾的摩事件」（The Baltimore Affair）登上《紐約時報》頭版。巴爾的摩與其他五位作者合著，在一九八六年四月《細胞》（*Cell*）上發表一篇論文，提出實驗結果說明將外來基因打入小鼠，會引發小鼠內部基因對外來基因產生抗體，引伸含義為利用外來基因可調控免疫系統。但後來遭人檢舉巴爾的摩的實驗室做假資料，引發極大學術風暴，《紐約時報》大幅刊載後，還鬧到上國會聽證、特勤單位介入調查、撤銷刊登論文等事件，學界對巴爾的摩的看法趨於兩極化。在此過程中，巴爾的摩出面道歉，並於一九九一年十二月辭去擔任十八個月的洛克斐勒大學校長職務，由視覺神經生理學家威澤爾（Torsten N. Wiesel）接任。一九九四年十二月美國國立衛生研究院（NIH）的學術倫理辦公室（Office of Research Integrity, ORI）認定其中一位作者 Imanishi-Kari 涉及資料作假，一九九六年六月美國衛生署批評 NIH 的 ORI 處理不當，形同為巴爾的摩事件平反，但也因此引起學界反彈，認為不必政府部門介入，學界可自行監控。一九九六年 Imanishi-Kari 被判免責之後，巴爾的摩就如浴火鳳凰重生，出任加州理工學院校長（一九九七年十月—二〇〇五年十月），後因類似事件，有一位他實驗室博士後遭懷疑造假事件被調查，他決定辭去校長職務。

華生的基因與政治

一九六二年諾貝爾獎得主華生（James Watson）曾對二戰後德國政府的學術立場，大加抨擊，對二戰時德國納粹以優生學與種族主義的政治狂熱，殘殺猶太人，造成世界浩劫一事，深不以為然，他曾在一九九七年造訪柏林時，在分子醫學大會（German Congress of Molecular Medicine）上談「基因與政治」（Genes and Politics），該演講全文可參見 Benno Müller-Hill（1998）。他是這樣說的：1.二戰後德國政府仍讓惡名昭彰的 Fritz Lenz 與 Otmar von Verschuer 留在學界過日子是不對的。2.博特納特（Adolf Butenandt）（一九三九年諾貝爾獎得主）不應參加一九四九年 von Verschuer 的粉飾宴會（whitewash）。3.德國科學家應起而說明他們對過去這段事、這些人深感羞恥，以消滅國人的不信任感，之後則應積極投入人類遺傳學的研究。

但言猶在耳，十年之後的二〇〇七年十月，華生在倫敦促銷他的新書 *Avoid boring people: Lessons from a life in science*（避開令人厭煩的人：投入科學一生的心得）時，十四日倫敦《泰晤士報》星期日特刊刊出他被認為是說非洲（黑人）天生智能較低的談話，他並未否認講了下面這一段話，可說是名人的現代版種族偏見：It would certainly be nice if the world's different racial groups had all evolved to be equally intelligent, but people who have to deal with black employees find this not true.（假如世界上不同種族都演化成同等聰明，那當然是件好事，但對那些必須與受雇黑人打交道的人而言，卻發現這並非事實）。這段談話一發表，馬上又引起了種族、基因、與ＩＱ之間關係的歷史性大辯論。

這是一個沒希望弄清楚的辯論，因為馬上面對兩個困境，其中之一為學術困境，如：1. ＩＱ分數有多少是來自先天？所謂ＩＱ分數與先天智能的關聯性，是直接算出來的或是間接推論？所謂先天成分占有六〇至八〇％，是適用在所有社經階層或只適用在中產階級？2. ＩＱ受到環境影響的程度，是否會因時代與種族之不同而有差異，如佛林效應（Flynn effect）？佛林效應係來自乘數效應（multiplier effect）。假設不太受環境影響的流動智能（fluid intelligence）之平均值Ｘ＝100，標準差ＳＤ＝15；則研究結果發現，針對一九五二至一九八二之間荷蘭前後兩個十八歲年齡層做比較，後面的十八歲年齡層之流動智力，比前面的十八歲年齡層高出二十個ＩＱ點（1.33 SD）；在以色列的研究結果亦同；美國在一九三二至一九七八期間，每年增加〇・三三個ＩＱ點；其他十八個國家也有相同趨勢。佛林效應得以發生，可能是來自社會經濟條件改善，教育程度提高後，在教育系統中常態編班或未提前分流時，互相交流互相刺激後所產生之乘數效應。台灣沒有這方面的資料，無法論斷這六十多年來的國家集體智能有多大提升，可以判斷的是由於社會經濟與教育之正面大幅改善，集體智能之提升揆諸國際經驗應屬合理，但由於台灣社會在教育系統之設計與實施上，不免有提早分流以及違反常態編班（尤其是在國中時）之情事，有可能因此而降低了一些乘數效應，不過總和來講應屬正面發展才對。

另外一個更為複雜，是為道德困境，因為面對這類主張，種族主義的紅線永遠在一旁伺候，跨與不跨都是爭議，可以說是絕不可輕忽的歷史與悲劇問題。

華生講了這些話後，在世界主流學術圈與政治敏感領域都引起軒然大波，大部分都是不假辭色的譴責，華生在同年十月十八日一場倫敦皇家學會的講話中，致歉稱非其本意（但沒否認說過那些話），且承認並無科學證據可支撐這種信念，他說不知道為何自己會說出這種話來。華生在一九六八年出任冷泉港實驗室（Cold Spring Harbor Laboratory）的部門主任，一九九四至二〇〇三當院長（President），之後當總院長（Chancellor），這件事情發生後，理事會很快解除他的行政職務（主要是教育事務與募款），華生隨之請辭下台，理事會辯稱說這是他自己的決定。

對照前文華生在柏林與倫敦的前後講法，的確容易讓社會與學術界認為有前後不一致的學術誠信問題，不過實際情況可能沒那麼嚴重，因為眾所皆知華生的個性常是率性而為，有時會跑過頭，只不過這次是真的踩到引起眾怒的紅線了。

與華生同獲諾貝爾獎的克里克（Francis Crick），提出分子生物學中出名的中央法則（Central Dogma），與主張後天性狀不能反轉錄到DNA遺傳下去的觀點一致，因此並未發生類似華生之輕言惹禍問題。但該一時代之各行菁英，多少都有這類思維，雖然不一定會在行為上表現出來，如英國是首先提出優生學（Eugenics）理論與研究的地方，但英國社會並沒讓它形成太多禍害，只是橘逾淮為枳，在二戰的德國就變成是希特勒改造社會與從事基因屠殺的利器。

優生學是一種在思想與行為上經常會反覆出現的主題，有時會與社會達爾文主義（Social Darwinism）掛鉤。二十世紀初美國啟動男性結紮，並對南歐移民做入境管制，部分是來自優生學概念之考量，冷泉港實驗室在此亦扮演了一定的學術後援角色，因此在華生失言風波之後，理事會如此迅速拔除，可能多少有避免火燒後門被算舊帳的考量。同樣的情事也發生在其他地方，如瑞典在二戰期間對流浪漢做強制結紮；二戰後台灣在推動家庭計畫時，仍有優先在原住民區與鄉村地區施行結紮之議，但並無人口學家、遺傳學家、與人文社會學者表達過什麼重要的不同意見。

相對而言，華生講過頭的失言風波在現代自由民主社會，並無機會造成更大的傷害，這是不幸中的大幸。基因與優生概念之不當發展，若剛好又碰到狂暴的政治環境，確實會導致可怕與致命的種族主義及種族清洗，將另於本書〈基因決定論與意識形態〉一文中說明，不再贅述。底下趁此機會敘述兩個實際具有矯正性的作為，來當作學術與政治正面互動的例子。

肯德爾與維也納的和解

諾貝爾生理醫學獎得主肯德爾（Eric Kandel）一生心繫出生地維也納，但對其幼年因為身為猶太人，在納粹入侵時期的全家受苦遭遇，更是耿耿於懷。他在其二〇〇六年的半自傳體專書《探尋記憶：心智新科學的誕生》（*In search of memory: The emergence of a new science of mind.* New York: W.W. Norton & Company）中說：「這樣一個在某一歷史時刻，曾孕育過海頓、莫札特、與貝多芬音樂的社會，何以在下一歷史時刻沉淪為野蠻人？」

二〇〇〇年他獲得諾貝爾生醫獎時，維也納很榮耀的將他視為一位奧地利得獎者，但肯德爾在心情複雜下說，這種講法是「典型的維也納式：非常機會主義、很不真誠、有點偽善，」並說：「這當然不是奧地利人的諾貝爾獎，這是猶太裔美國人的諾貝爾獎」。之後奧地利總統克雷斯蒂爾（Thomas Klestil）問他：「我們如何把事情做對？」肯德爾認為首先應該將維也納環城大道，有一個路段的名稱 Doktor-Karl-Lueger-Ring 改名，因為魯格（Karl

Lueger）這位出名的維也納市長（一八九七年出任），以民粹修辭方式的反猶太言論著稱，希特勒在其《我的奮鬥》（*Mein Kampf*）書中，特別提及在維也納期間受到他的影響，當時希特勒是一位住在維也納生活困窘的畫家。肯德爾認為魯格的名字，是對城市景觀的侮辱，尤其是這條大道與曾經培育了波茲曼（Ludwig Boltzmann）及佛洛伊德的維也納大學，如此緊密相連；魯格又教導了希特勒反猶太的政治手段。二〇一二年四月這條大道名稱，終於在爭議聲中改為大學環道（Universitätsring）。肯德爾說環城大道（Ringstraße）的一部分，從Karl-Lueger-Ring 改成 University Ring，是他與奧地利獲得逐步和解的關鍵點，他感謝很多年輕人的協助促成〔包括物理學家蔡林格（Anton Zeilinger）〕，希望能夠繼續下去。

除此之外，他還要求奧地利總統同意在維也納大學給予猶太學生及研究者獎學金，召開奧地利如何面對國家社會主義（納粹）的研討會，並於二〇〇四年結集出版專書。之後，他就高高興興地接受成為維也納榮譽市民，參與維也納的學術與文化活動。

勇敢面對過去的黑暗歷史並做矯正

二〇一七年二月有一則國際新聞，指出由於美國知名的前副總統凱宏（John Calhoun, 1782-1850，耶魯學院校友，在一八二五到一八三二年間擔任美國副總統，美國南北戰爭前十年過世）擁護蓄奴，耶魯大學決定將一九三〇年代冠名的「凱宏學院」（Calhoun

College）更名，改為以女性電腦科學先驅也是耶魯大學校友的葛麗絲・哈普（Grace Murray Hopper，二〇一六年獲追贈總統自由勳章）為名，稱為哈普學院。耶魯大學校長薩洛維（Peter Salovey）在同年二月十一日說明：「改變一個學院的名稱不是能輕易決定之事，但約翰・凱宏作為一名白人優越主義者，以及一位熱切推行奴隸制度的國家領導人，在根本上與耶魯的使命及價值觀，是互相牴觸的。」

上述都是學術與政治或教育學術領導之間的爭議性觀點及事例，尚未造成嚴重之政治社會後果，但確實有由於學術與政治之間的扭曲，造成了歷史性悲劇，將在另篇〈學術敗德與領導失靈〉一文中進一步論述。

【延伸閱讀】

1. L. Lederman & C. Hill (2013). *Beyond the God Particle*. Amherst, N.Y. : Prometheus Books.
2. Benno Müller-Hill (1998). *Murderous science: Elimination by scientific selection of Jews, Gypsies, and others in Germany, 1933-1945*. Cold Spring Harbor, N. Y. : Cold Spring Harbor Laboratory Press.
3. J. R. Flynn (2007). *What is intelligence?* Cambridge: Cambridge University Press.

學術敗德與領導失靈

從學術敗德回看更大的時代悲劇

十幾年前我剛到教育部服務時，就發生過一件參加國際奧林匹亞競賽（International Olympiad），遴派高中生參加生物科競賽的弊案。這是一件私德敗壞以及在公私之辨時未能謹守分寸的駭人事件，一位負責遴選的教授竟然無法抗拒學生家長所安排之財與色的誘惑，嗣後在遴選過程中私心運作，無法遵守公正選才原則，種種離奇事跡令人嘆為觀止，對台灣在推行科學教育與人才培養的進程上，帶來很大的傷害（參見本人二〇〇五年天下文化出版《在槍聲中且歌且走：教育的格局與遠見》）。沒想到，這其實只是一件不大不小的敗德案例，還有更多令人瞠目結舌，興浩然之嘆的。

學術敗德是有等級的，本文大體上將之分為三類：1.仍侷限在科學與學術範圍內的敗德事件，如論文造假事件。2.產生負面政策影響之學術敗德或不當引伸事件，如依據造假的人類智能研究，制定了不當且影響深遠的國家教育計畫。3.嚴重衝擊人權與生命的敗德事件，最惡名昭彰的當然是納粹的德國國家計畫與集中營事件，這是一種由於學術倫理遭嚴重扭曲，而且不當的與邪惡政治權力結合，衍生出戕害人權殘殺生命的時代悲劇。底下分項敘述。

仍侷限在科學與學術範圍內的敗德事件

二〇一四年二月一日時任東華大學校長的吳茂昆，從日本發了一個簡訊給我，底下是幾段我們的對談：

吳：恭喜新年，這幾天我帶隊在日本參加奈米展，首次在日本過年，別有一番滋味。昨天除夕日本的一個重要消息，是日本理化研究所（RIKEN）一位三十歲女科學家在幹細胞上的重要發現，在除夕日發表，別有意義。

黃：日本保存很多唐朝文化宣揚漢學，但又不過農曆年，這時候到東京或京都一定很有趣。小保方晴子（Haruko Obokata）的發現，*Nature* 已搶先刊登，體細胞經由外界刺激環境（如低酸鹼值）誘發，可以表現出類似胚胎幹細胞功能，令人驚豔。繼前年山中伸彌得諾貝爾獎後，看起來日本已跑到很前面，南韓一定很遺憾，假如不是黃禹錫——台灣好像自己還很難定位。

吳：聽朋友說 Haruko 幾乎放棄該計畫，剛開始她同事不認為她觀察到的現象是正確的，尤其她開始的實驗聽說是用橘子汁。這個事件教我們好的工作不需要太艱深的論述及程序，更不能朝令夕改，能夠堅持才是成功之道。

三月十五日換我發簡訊給吳茂昆：

黃：我人在京都，一早看到日本報紙頭條，RIKEN為Haruko等人在幹細胞研究上的重大失誤道歉，真是遺憾。

吳：謝謝來訊，這確實是個遺憾，或許是受到要發表高impact論文的壓力造成的。

RIKEN是一間年度預算超過十億美金的日本高等研究機構，裡面有一位年紀輕輕剛拿到博士學位的研究人員小保方晴子，在二〇一四年一月的*Nature*同一期上發表兩篇論文，主張體細胞經由外界刺激環境誘發（如低酸鹼度的微酸液體，就像把體細胞放入柳丁汁中一樣），即可表現出類似胚胎幹細胞的功能（簡稱為STAP）。

該研究甫一發表即受全球矚目，因為過去流行的作法，一為坎貝爾（Keith Campbell）與威爾穆特（Ian Wilmut）等人在一九九六與一九九七年，為了複製桃莉羊，在格登（J. B. Gurdon）所提之基礎上，發展出來的技術（詳見本書〈基因決定論與意識形態〉中有關複製桃莉羊之說明），亦即讓已分化的體細胞之DNA行為表現，在減少血清的養分供應下放到鹽水中，讓其挨餓並促進入冬眠，以回歸到 G_0 或 G_1 狀態，之後再做細胞核轉移（nuclear transfer）。另一為 iPS 技術，將幹細胞的特徵因子（transcription factors）植入體細胞，以誘發多功能幹細胞之作法。這些作法皆很繁瑣，因此若能將體細胞放在微酸（pH 5.7）溶液，居然三十分鐘後即可得到 STAP（stimulus-triggered acquisition of pluripotency），那真是令人驚訝又驚豔！

但很快的就有人舉證歷歷指出該系列論文作假。RIKEN 經過內部調查後，在三月十四日由 RIKEN 理事長野依良治（Ryoji Noyori，二〇〇一年諾貝爾化學獎，二〇〇三年十月出任 RIKEN 理事長）出面召開記者會，排成一排鞠躬道歉。這兩篇論文旋即在七月二日撤下，當年八月五日，小保方晴子的導師也是論文合著人，五十二歲的笹井芳樹（Yoshiki Sasai）在神戶上吊自殺，另外一位合作者哈佛大學幹細胞研究團隊領導人瓦根提（Charles Vacanti），則被哈佛大學與附屬醫院停權。十月七日，早稻田大學決定，三十一歲的小保方晴子有一年時間修改 PhD 論文（二〇一一年）之錯誤，包括該校調查小組在七月發現之十一處異常，含複製 NIH 網站之幹細胞資料當作導論達二十頁之多。若未能修改完成，將取消其學位。另並對其指導教授做出處罰。嗣後終於取消其博士學位資格。野依良治在隔年二〇一五年三月底，終於還是辭去 RIKEN 理事長職務。

很多人好奇，這麼簡單應該啟人疑竇的實驗，何以剛開始這麼容易就相信？可能是因為合作者皆為該領域頗負盛名的專家；而且逆境理論說已成功用在植物身上，這次是用在老鼠身上，雖然差別很大，也可以樂觀其成吧。但這種信心的基礎畢竟不扎實，只要有一點裂縫就會愈來愈大，逐漸發展出全面性的不信任，這叫好到難以相信（too good to be true），其中必有詐，因此就有更多人依同樣的實驗條件去做驗證，找出作假的圖表與資料。

日本人在面對榮譽與失德的緊要關頭，可說一點都不含糊，這是一個懂得自律與自我了斷的學術社群。台灣也有陳震遠兄弟自己論文自己決定怎麼審的事件，又扯進教育部長，揚名於世，不只被國際學術圈嘆為觀止，英美大報更報導得像是一件跨國的完美犯罪事件。但就整件事而言，當事人倒還真敢講出一堆自以為是的卸責理由，也沒看到出事大學的校長與當事人，有什麼像樣的自我了斷或據理力爭的強力反擊，台灣真是一個他律又容易喊冤的社會。

這類違反學術倫理情事，現在可說是層出不窮，令人擔憂。有人說是因為太重視研究成果所導致，不過這種說法很奇怪，難道就因此不要重視研究了嗎？我想學術倫理是需要被要求，更要有自覺知道反省花心力去自我修鍊的，學術倫理也是普遍性倫理要求的一部分，可說是做人的本分，與機構是否重視研究成果，應可視為獨立事件。台灣現在已知比較常見的違犯學術倫理情事，大約有底下幾類：

1. 抄襲（plagiarism）、不當掛名、與偽造。自我抄襲是最無犯錯意識的一種，認為這是我自己的，又不是抄別人（其實也有刊物與出版者的版權在內），用以前的導論與討論，只不過占了全文的一七％，又有何妨，何況我以前的老師與同事同學也沒說這樣不行！另外有貢獻之合作者未予適當列名或未列名（包括指導之研究生），以及用金錢買得掛名之資格，或收受金錢掛上非本機構之名義等項。更嚴重的則是實驗結果或研究資料之修飾、變造、與偽造，扭曲了研究結論或者是無中生有，這不只是學術倫理之敗壞，更誤導了對科學真相之認知。

2. 不當核銷或侵占國家研究經費。如大專校院教授用假發票不實核銷、挪用補助款項、公款私用。雖然二〇一四年八月最高法院已有統一見解，認定教授與研究員不屬刑法上的公務員，不構成貪汙罪，但仍可另依違反商業會計法或詐欺罪判刑，得易科罰金。由這些違犯衍生了一些對學術與教育機構非常不好的後果，如檢調與司法人員在未受監督下進入校園偵訊與取證，嚴重傷害大學學術自由與自主性；假如社會上認為小盜竊銖者誅，大盜竊國者侯，則教授這種中盜，應該做何處置？社會上對這類行為普遍不表同情，其實對大學與學術機構的正常發展非常不利，事後國科會（科技部）也盡快修改了報銷制度，以免認真做研究計畫的一軍，紛紛在不知情中犯下錯誤。不過制度再怎麼修，還是當事人要有自覺與抵抗誘惑的決心，才能真正免於犯錯。

3. 論文審查跨國人頭造假。如前所述陳震遠兄弟在二〇一四年七月所爆發自己論文自己審的大案，還扯上掛名但不知情的教育部長，國際大報如《紐約時報》、《華盛頓郵報》、與英國《衛報》都同時大幅報導，讓台灣在國際間大失顏面。後來還發生南榮科大校長夫婦因類似事件被聲押的情事，真是匪夷所思，嚴重敗壞學術風氣。

也許有人會說，與中國大陸近年所發生大規模違反學術倫理的案件相比，台灣不算什麼，但以人口與幅員而論，台灣未免密度太高，而且中國大陸對這類事件下手絕不留情，速審速決，不管當事人是誰；台灣相對而言則是拖延苟且，當事人又常無自覺犯錯的羞恥心，我們都應好好想想這些問題！

產生負面政策影響之學術敗德或不當引伸事件

上述所提諸例大都是涉及個人私德，或者透過不同實驗室驗證即可解決的作假問題，當然也可能傷及機構與國家顏面，但實質上，尚未真正涉及因學術倫理而扭曲人間對待、社會政策、與邪惡滅種的面向。底下敘述柏特（Cyril Burt, 1883-1971）的ＩＱ研究，如何扭曲了英國的教育政策。

柏特是英國第一位封爵的心理學家，一九七四年一位普林斯頓大學做條件化歷程（conditioning）的心理學家卡明（Leon Kamin），出版 *The science and politics of IQ*（ＩＱ

的科學與政治），狠狠批判了柏特的同卵雙生子研究。有趣的是，主張黑人比白人的智商分數（IQ）少了十五個百分點，大力宣揚天生智能決定了IQ分數，並強力引用柏特數據的簡森（Arthur Jensen），也開始質疑柏特所發表資料之一致性。由於卡明這本書的影響力，一位英國記者吉利（Oliver Gillie）在一九七六年十月二十四日的倫敦《泰晤士報》頭版，寫了一篇特稿，前面幾行是這樣講的：「本世紀對科學造假最勁爆的指控，直衝柏特爵士而來，知名主流科學家認定柏特發表假資料，而且捏造關鍵事實，以支撐其主張智能大部分來自遺傳的爭議性理論。」

柏特被指控在一九四〇年代中期迄一九六六年間作假資料，以發展其智能與遺傳之關係（認為兩者的關聯性大於七五%），並主張不同社經階層內之父子遺傳性高，這些說辭因之影響了英國學生的入學就學方式（schooling），受到不同社經階層之影響長達數十年，亦即不當認定，中上社經階層的小孩一般而言會有較高智能，因此而獲得較佳之就學條件，進入社會上認為較好的學校，以致長期製造出社會上不公平不正義的現象。他被指控的學術作假事項，包括兩位合作者不存在、在提出父子遺傳性時並無父親資料、在不同年代所做的雙生子群之相關值一樣（如異地教養的雙生子群相關，在不同年代所做竟然都是〇．七七一；雙生子養育在同一家庭的相關，在不同年代則都為〇．九九）、雙生子的配對不可能那麼多等項。整體而言，這是來自資料的修飾與造假，被視為二十世紀學術史上十大造假案件之一，且影響深遠。

柏特事件的爭議不純粹是學術性問題，當時很多孩童與青少年的入學就學權益，因為調查資料造假與學術結論的扭曲，使這類權益受到極大的損害，但想回頭已是百年身，無法重來，難以評估這一生究竟已經受到多大的損害。

嚴重衝擊人權與生命之敗德事件

日本在中國東北之人體實驗與納粹人體實驗

抗日戰爭與二戰期間，日本關東軍滿洲七三一部隊（防疫給水本部），在中國東北哈爾濱原野設置平房區，將在日本國內不能做，嚴重違反倫理原則的工作，都拿來這裡，進行生化武器、細菌與病毒戰、接種防疫、人體極限、與活體解剖的人體活體試驗，估計為數達萬人，以中國人、俄羅斯人、蒙古人、朝鮮人、聯軍戰俘為主，包括幼兒，數千人因此致死。日本投降前銷毀所有證據，與當年德國納粹在敗戰後，焚燬集中營一樣，顯見他們都知道這是人神不容之事。

納粹集中營的事例更為驚人，造成時代的大悲劇，其中以種族大規模屠殺為主，人體試驗尚非真正重點，但其規模已令人瞠目結舌，包括有低溫與極限試驗、生殖與優生學試驗、絕育試驗、雙胞胎試驗、活體解剖、骨骼肌肉與神經移植、感染與抗菌試驗等。

被稱為奧斯威茲醫生（Dr. Auschwitz）的門格勒（Josef Mengele），在波蘭奧斯威茲集中營做了將人體忍受能力推到極端的殘忍實驗，甚至做活體的死亡實驗與器官摘取；克勞貝爾格（Carl Clauberg 醫生）則在此做了殘忍的婦女絕育實驗。這些人在這裡做了他們根本無法負責的時代罪行，也嚴重汙辱了醫生與教授的聲名。

納粹的最終解決方案，則是屬於滅族屠殺，另放在〈基因決定論與意識形態〉（已納入本書）與〈古都的哀愁：維也納、布拉格、華沙、與克拉科夫〉文中析論。

上述這兩個殘酷的歷史事件，讓有良心的醫界心生恐懼，並帶來深刻的反省，因此在一九四七年催生了《紐倫堡公約》（*The Nuremberg Code*），清楚的立下規範：「絕不可執行會讓受試者死亡的實驗！除非受試者本人就是進行實驗的醫師」。之後在一九六四年芬蘭舉辦的全球醫師大會中，提出「赫爾辛基宣言」（The Declaration of Helsinki），主張受試者有絕對的權利了解實驗內容，並保障受試者在知情同意（informed consent）下方得進行實驗的權益。

塔斯基吉梅毒實驗計畫

塔斯基吉梅毒實驗計畫（The Tuskegee Syphilis Experiment, 1932-1972），是一項前美國

衛生署（PHS）在阿拉巴馬州塔斯基吉所進行的臨床實驗計畫，實驗開始之初（一九三二年），梅毒還是無藥可醫的絕症，但一九四三年醫學界發現青黴素可有效醫治梅毒後，研究人員為了使該實驗繼續進行，故意不對患者施以有效治療手段，甚至企圖阻止參與實驗的梅毒患者去接受有效治療。該實驗一直持續在相關領域期刊發表研究報告，少數學者呼籲終止實驗，卻遭漠視。一九六六年一位年輕的社會工作者巴克斯頓（Peter Buxtun），開始對這項臨床計畫表示疑慮，但受到PHS嚴密的封殺，一九六七年他從PHS辭職並到柏克萊加州大學就讀法律學院，惟他不悔其志，於一九七二年向美聯社揭發，引起社會極大騷動與憤怒，PHS隨即終止該項計畫，但遲至一九九七年才對受害者做出賠償及公開道歉。當一九七二年研究結束時，只有七十四名被研究者還活著。在最初的三九九名被研究者中，二十九名直接死於梅毒，一百名死於梅毒併發症，四十名被研究者的妻子感染了梅毒，有十九名被研究者的子女出生即患有梅毒。

塔斯基吉實驗在青黴素發明後，仍陸續發表研究成果，因此該實驗的內容及處理方式，醫界並非不知情，但無人出面制止或補救，一直要到巴克斯頓提出。由此看來，這裡是有共犯結構的，而且以醫學研究之名來掩蓋該實驗之嚴重違反人權！集中營的人體實驗亦同，只不過那時已是進入狂熱的戰爭狀態，與此相比，塔斯基吉的案例居然發生在非戰區的民主社會，且長達四十年，更是令人驚駭不已。有關這些細節可參考Jones（1993）以及Granberg & Galliher（2010）。

往事血淚斑斑，照理講應該能從歷史中獲得教訓才對，但是黑格爾的話看起來更切中人性的弱點：「經驗與歷史教導我們：人們與政府從來不曾從歷史學到任何東西，或在歷史所演繹出來的原則上做出行動」。這段話對一個歷史悠久應該老早學會反省的學術團體，更具有諷刺性，那個機構就是規模龐大的美國心理學會！

APA的驚人學術倫理案件

美國心理學會（APA）在二〇一五年七月公開了一項五百四十二頁的霍夫曼獨立調查報告（The Hoffman Report），承認在小布希時代之反恐戰爭中，APA接受政府委託進行審訊技術之政策研究時，發生了研究人員與國防部官員之間的不當共謀情事，使用了違犯人權的審訊與折磨技術，偵訊遭軍方與情報單位拘押之人員。APA對這類令人困擾的結果與組織上的失靈，深表歉意，理事會並承諾做各項重要的倫理改善工作。

二〇一五年七月十六日*Nature*針對該一事件的專題報導中指出，國防部每年編列數千萬美金並徵用了七百來位心理學家，從事「創傷後壓力症候群」（PTSD），以及其他由於戰爭所引發之精神症狀的研究。心理學界與很多政府部會間，是在學術基礎上做互惠式的專業合作，但也不免有驚人事件發生。最出名的是在美蘇冷戰時期，CIA所推動的心靈控制計畫，心理學家協助CIA發展各種偵訊技術，包括使用幻覺誘發藥物與催眠術。由於二〇〇一年九一一恐怖攻擊與之後的反恐戰爭，APA在二〇〇五年開始與國防部及CIA

合作，但未能遵守相關的研究倫理，如利用「習得的無助」（learned helplessness）之動物實驗原理，在替CIA發展偵訊與折磨技術時，反向利用一些實驗程序製造受拘押者的沮喪狀態，以獲取平常要不到的研究資訊。美國精神醫學會與美國醫學會在二〇〇六年，基於一九二九年所簽署日內瓦公約之精神，出面禁止會員參與該類偵訊技術研究，所以APA發生這種與魔鬼交易的情事，當然要受到嚴厲譴責。

APA一定很嘔，因為他們的前輩早已做過同類事情卻得享盛名，如米爾格蘭（Stanley Milgram）係由美國國家科學基金會（NSF）資助其「服從權威」的研究，津巴多（Philip Zimbardo）則從一九七一年開始，由美國海軍資助其「監獄角色扮演」研究，同樣在他們已成為經典實驗（服從權威、監獄角色扮演）的研究過程中，大大扭曲了人性，其實驗結果也嚴重羞辱了人性，若依今日的倫理審查，他們的研究計畫絕對是過不了關的（可參見下列兩人著作）。

更嘔的是學界竟普遍認為APA在這麼多違犯下便宜行事，嚴重傷害研究倫理之後，仍無證據顯示美國可從中獲得任何實際有用的資訊（There is no evidence that the United States gained any useful information）。政府部門在這種敏感事件上更不敢置一詞，所以這件事可說已蓋棺論定，這是一件沒有任何正面效益，更是一件嚴重違反研究倫理傷害人權的不當作為，應予以嚴厲譴責。

米爾格蘭在「服從權威」這個經典實驗上，雖然不需經過現代嚴格的ＩＲＢ機構審查，但實驗過程中不是沒有爭議，米爾格蘭至少還嗆過聲說，他們今日所做所得的研究成果，將創造出一百年後仍會讓人感興趣有價值的實驗資料。時至今日觀之，他發下的豪語並沒被打太多折扣，在教科書與論文中仍多所引用，但ＡＰＡ這個案例卻已注定被打入十八層地獄。

美國心理學會沒有從過去的歷史中獲得教訓，洵至每況愈下犯了不可原諒的錯誤，自貽伊戚莫此為甚，希望這是ＡＰＡ最後一個學術敗德事件！

【延伸閱讀】

1. J. H. Jones (1993). *Bad blood: The Tuskegee Syphilis Experiment.* New York: The Free Press.
2. D. O. Granberg & J. F. Galliher (2010). *A most human enterprise: Controversies in the social sciences*. Lanham, Maryland: Lexington Books.
3. S. Milgram (1963). Behavioral study of obedience. *Journal of Abnormal and Social Psychology*, *67*, 371-378.
4. Stanley Milgram (1974). *Obedience to authority: An experimental view*. New York: Harper.
5. Philip Zimbardo (2007). *The Lucifer effect*. New York: Random House.

基因決定論與意識形態

生物決定論與基因主義

假若以華生與克里克解開染色體內DNA的雙螺旋化學結構之謎，並指出其對遺傳學之含義的一九五三年作為斷代基礎，則雖然「遺傳」與「基因」二詞早於一九〇五至一九〇九年出現，但仍可判定在一九五三年以前所談的生物決定論（biological determinism），大致是以概念性基因（conceptual gene）作為論斷的依據，在一九五三年之後所談的基因顯然位於結構明確的DNA之上，故稱為真實基因（real gene），若在此基礎上談生物決定論，則可改用基因主義（geneticism）稱之，基因主義可說是舊式生物決定論與遺傳決定論的現代版。該想法認為，生命體的構成既由單一細胞經胚胎發育而成，細胞雖經分化後在不同DNA部位啟動不同數量的基因位址，但就整體而言，生命體的表現大部分可歸因於細胞染色體中，最小功能單位DNA序列中具有多形性狀（polymorphism）之基因的作用。該一化約論式的想法、較之將有機體行為化約為生理與生化基礎，或以概念性基因來表示的舊式講法，可說更為明確。

中央法則不是基因主義

克里克於一九五七年提出「中央法則」（Central Dogma，或稱中心教條），主張遺傳訊息只會單向地由DNA驅動RNA，再驅動蛋白質的製造；亦即遺傳密碼的啟動，具有「完全不受任何細胞外，甚至細胞內發生的各種事件之影響」。該主張標示了遺傳的徹底獨立性與不可穿透性。嗣後因若干重大的發現，促使「中央法則」做了相當的修正與擴充，這些發現包括蛋白質與其他細胞內化學物質具有對遺傳訊息的調控機制、可能由外界下指令（甚至可跨染色體）的基因轉位、與反轉錄病毒（如RNA反轉錄病毒，AIDS病毒即為一例）的發現等。由於這些發現而導致的修正，多少替環境影響的可能性預留了一些空間，亦即環境因素可透過類似反轉錄的過程，影響到個體的基因表現；至於這種影響會不會留下來作為遺傳的元素之一，則是另外一個難解的問題，並非該法則的主張。克里克在其一九八八年的自傳體專論中，認為從蛋白質反轉錄影響RNA或DNA為一奇想，不足為訓；新達爾文主義者則認為後天獲得的性狀與能力是無法遺傳的（Maynard Smith, 1989）。假若一位分子生物學家相信嚴格的中央法則（若生物體的廣泛表現，泰半受到該法則所控制，則必須有相關的DNA片斷才能形塑出生命表現的實質），但卻又同時相信廣義的環境影響力，則他可能是尚未了解到當中央法則具有百分百的威力時，環境影響根本無法滲透進人體，可說是百分百的基因主義！

不過克里克（Crick, 1988）卻認定心靈不在DNA裡面（mind is not in DNA），該說法與他後來提出意識現象的產生，是來自大腦神經活動的共振之想法（Crick & Koch, 1990），可說是相容的。他們對心靈與意識所持的觀點，並未隨著基因主義起舞，讓大家鬆了一口氣。試想愛、寬恕、道德、虔誠、與感動等心靈層面，正是發揚人類主體意識的元素，在沒有任何根據時，即遽以認定來自基因，無法改變無法有任何彈性，完全遵循中央法則的指揮，則可謂人之墮落莫此為甚！其實中央法則並不必然引伸同一套基因結構的個體，一定會有相同的疾病、行為、智能、與意識，因為外界或體內環境仍會影響發育的過程與腦中神經網絡的連結方式。該法則只是想說在DNA轄區內所進行的，大部分是單向的前進過程，反之則不然，克里克（Crick, 1988）對生物體的DNA轄區運作，有一清楚圖示可供參考如附。

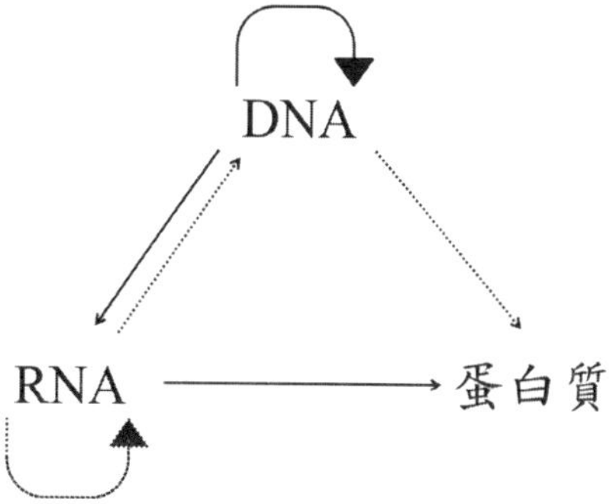

圖中實線表示常見的DNA序列之訊息移轉，虛線表示罕見的訊息移轉。至於不在DNA轄區的生物表現，一般而言不會反過來改變DNA的結構與功能，亦即不具有日後可遺傳的特性。人類意識不在中央法則的管轄範圍內，因此不能反轉錄到以DNA為結構單位的基因上，所以個體的意識方式與內容是不在遺傳資料庫裡面的。故克里克主張心靈不在DNA裡面，與他主張中央法則並無衝突。

相對於中央法則的謹慎，與盡量依據科學中立原則做適度修改，基因主義在比較之下，明顯的缺乏教養，它在人類行為與智能上所表現的熱情，可說惡名昭彰，遠比早期神經生物學家的「神經教條」（neuron doctrine；參見 Shepherd, 1991）更為極端，已經從神經活動與表現層面再降到基因層次。但是，他們有什麼證據？

基因研究對人類疾病的了解與防範之貢獻有目共睹。在人類承繼自母方與父方的染色體上，各有三十億鹽基配對，共製造出約十萬種蛋白質，以前認為應該約有相對應的十萬個基因（現在已知大幅減少到三萬個以下），幾千個已知基因則坐落在不同染色體長短臂的特定橫紋區上，與人類疾病息息相關。一九八九年一月啟動的人類基因圖譜計畫，本來預計完成之日為二〇〇五年，期望能找出人類的十餘萬基因。但該計畫提前完成，二〇〇〇年六月柯林斯（Francis Collins）與凡特（Craig Venter）偕同克林頓總統（Bill Clinton），在美國白宮召開記者會宣布，英國唐寧街一起參與視訊的有首相布萊爾（Tony Blair），與桑格（Fred Sanger）及佩魯茨（Max Perutz）等人。二〇〇一年二月在 *Science*（Celera Genome）與 *Nature*（公共版 Genome），發表人類基因圖譜。原預期約有十萬個基因，事實上則在三萬個以下，二〇〇七年有人重新算過是二萬零五百個，只占全基因圖譜的一·五%，數目只有果蠅的兩倍，酵母菌的四倍。巴爾的摩曾說，這個發現讓他「冷到骨髓」（chills ran down my spine）。但是這些大發現，目前並沒有解決任何有關基因與人性之間的各種假設性問題，底下將略作說明。

基因與人性：從個體到族群連續性之迷思

基因研究對普遍的人類行為特性，也有一些獨到看法。一九七〇年代發現，在高等生物的DNA中可能有九〇至九五％左右，一直在重複自己的片斷，打斷了多胜肽鏈（polypeptide）的DNA轉錄，看起來也不具有生物意義，奧格爾和克里克（Orgel & Crick, 1980）將這些DNA片斷稱為introns（相對於exons），並認為這些是自私DNA或寄生DNA，既不能合成蛋白質也不能控制基因的表現，它們在那裡只是為了自己。道金斯（Richard Dawkins）（1976）在其出名的《自私基因》一書中，也持類似概念，認為自私及在此基礎上表現出來的利他行為，都是這批基因在作怪，演化只會作用在個體基因上，而我們只不過是自私基因遂行其目的之工具。

威爾森（E. O. Wilson）在一九七五年出版《社會生物學》（*Sociobiology*），論者以為這是承繼自達爾文《人類與動物的情緒表達》一書的傳統，而發展出來的），在最後一章討論尋找一個人類社會性行為之生物基礎的可能性，認為人類的攻擊性、利他等行為，可能來自基因影響，又因為人類有近二百萬年的演化長度，應有可能演化出有意義的基因差距，因此不同種族也可能發展出分殊的社會性行為出來。由於威爾森該一說法，被認為似有引伸不同種族的社會行為，係因遺傳而造成差距，又兼當時美國社會對種族主義甚為敏感，以致引發極大爭議。威爾森作為一位族群遺傳學家，當然不會主張種屬之間沒有差異，但他同時也是一位強調生物與生命多樣性及保存倫理的重要護衛者，故當他提出該一說法時，其心態與納粹式的種族主義其實有天壤之別。書出版之後引起軒然大波，逼使他考量到個人、社會、文化等環境因素對行為變異的可能貢獻，因而提出「基因—文化共演說」，修正其理論以包含基因演進與文化演進，共同對人類行為之形塑的影響（Wilson, 1994）。時至今日，在《社會生物學》一書的影響下，行為遺傳學研究已是一門相當有發展的學科，當然，也有相當多人在嚴密監視該領域是否會在科學外衣下，暗地裡做種族主義及優生學的復辟工作。

過去發生過幾個常見的社會達爾文主義與極端生物決定論的範疇謬誤（category error），其基本謬誤主要來自兩點：一為認定某些人類行為特性來自遺傳或經天擇之後的演化結果，前者為強形式的基因主義，後者為弱形式的基因主義，認為天擇過程的結果會銘刻到族群的基因內；另一為認定個體的行為與族群的行為之間有連續性，所以樣本中個體行為的平均值，可以反映出族群行為的樣貌，個體行為其實只是族群行為特質的個案表現而已。該二謬誤的第一點是屬於經驗性問題，就目前所知並無明確證據；第二點則係出自對演化論的誤解。傳統達爾文主義者認為天擇的單位不是群體而是個體，道金斯更進一步認為天擇的單位既非群體亦非個體，而是在基因上。社會達爾文主義的觀點，主張演化／天擇不只來自個體間之競爭，且有來自群體間之競爭（group selection）。社會達爾文主義其實很不達爾文，古爾德（S. J. Gould, 1997）認為達爾文的天擇機制，只有在各生物族群中的個體各有不同時，才能成為推動演化的手，這隻手本身不能創造任何東西，能做的只是對較能適應生存環境變異的個體，做選擇性的保存，而無法對某一特定文化有所偏好，因為文化或族群的單位太大，不能獨特到可作為天擇的單位。所以種族純化或人為的優生，都會減少族群之變異，其結果將使天擇無所措手足，這類作法從根本上就違反了自然演化的過程。

下列是有關智能與遺傳的研究中，由於可驗證性較高，而比較能被人接受的看法：1.假設演化與天擇是發生在個體層次而非群體（這是新達爾文主義之本意）。2.假設種族間的差異低於種族內之個人差異。3.假設「中央法則」正確（後天性狀不會反轉錄進入ＤＮＡ，因此不具遺傳性）。4.假設智能真的有遺傳成分（由雙胞胎與領養研究的資料判斷）。5.假設ＩＱ測驗分數真的有種族差異（在美國，亞洲人平均高於白人三個百分點，白人又高出黑人十五個百分點）。

單由上述五點並無法推論出人類智能具有種族遺傳性，但總是有人樂此不疲相信人類智能具有種族遺傳性，這類想法後來慢慢變成某些人的信仰，成為優生學或更嚴重之社會達爾文主義的根源，假若將這類信仰付諸行動，就變成強制性節育或納粹主義，演變成世紀悲劇人類浩劫。

與上述類似的評論很多，卡根（Jerome Kagan, 1999）在其《三個具有誘惑性的想法》一書中，也指出下列一些固定想法對很多人具有相當的致命性誘惑，至死相信不渝：1.行為可以與周圍的環境脈絡無關，行為與大腦功能應有共通的法則，人的行為歷程與天竺鼠、機器的行為，可以找到相通之處。2.行為遵從決定論法則，行為有一種天生的驅力來推動，如一股不可遏止的追求感官快感的渴望。3.行為發展有關鍵期，如人的智能與道德發展，因此必有某種基因機制在後面掌控。

這些固有的流行想法，應該都是經驗課題，但也是一直到現在還未曾停止爭論的議題，需要一一在學術上進行長時間求解，包括對精神分析理論與生物決定論之批判性驗證，以及釐清在學術界混戰甚久的 nature-nurture debates（先天與後天影響論戰）。在還沒弄清楚這些論證與經驗數據前，實在不宜靠邊站，因為會涉及嚴重的人權及社會福祉問題，任何有良心對生命有嚴肅關懷的人，都知道不應在資料未充分顯現前，就對人性的尊嚴做出扭曲性的想法與不當行動。可惜世俗眾人習於追求具有誘惑性的想法，而且在社會中以訛傳訛，混淆了對遺傳與環境影響的正確認識，甚至做出扭曲人性傷害人權的暴行。

另外一種講法是認為人類雖可能系出同源，但因散布到不同環境後，經歷長久演化而衍生出不同的心理能力，以應付不同環境壓力的嚴苛考驗。該一說法也是從十九世紀以來即相當盛行，一直要到第二次世界大戰結束後，才暫時蟄伏之種族科學（racial science）的主要立論根據之一。假設如此說法多少有些道理，則必須要有足夠的演化鏈長度才能成事。傳統講法以直立原人的出現為計算人類（現代智人）演化長度的起點，應有二百萬年之久，則每一現存族群有相當的可能性在二百萬年內，於不同的特殊環境中進行夠長的演化。但該傳統講法面對很多科學證據的挑戰，如尼安德塔人根本不是現代智人的祖先，二百萬年演化長度之說法因此搖搖欲墜。「出非洲記假說」（African exodus）則認為現代智人約在十三萬年前出現於非洲，在七萬三千年前出非洲到亞洲，五萬一千年前出非洲到歐洲。看起來這些數字都不是夠長的演化長度。

藉由現代人類基因圖譜與尼安德塔人化石之比較，推論尼安德塔人與智人約在五十萬年前分家，從過去的資料來看，尼安德塔人化石可回溯到二十五萬年前，智人頭骨則最多只能回溯到十九萬五千年前，而且幾乎都在東非與南非發現。但最近有一些新的發現，稍稍改變了上述說法。一九六〇年代在西北非摩洛哥的傑貝爾依羅（Jebel Irhoud）洞穴挖出幾件與現代智人結構相似的化石，以新技術重新定年後，發現係來自約當二十八至三十五萬年間中石器時代的地層沉積，若再考量其他新的挖掘與使用工具出土物件之資料後，大約可認定所挖掘出來的化石年代應在三十萬年以上（Hublin et al., 2017; Richter, et al., 2017; Stringer & Galway-Witham, 2017）。該一估計與最近古基因體分析，推論智人之演化應早於二十六萬年的說法（Callaway, 2017），尚稱符合。不過這些修正後的拉長數字，與兩百萬年的理想智人演化長度，還是相差很遠。

就目前知識來看，不同個人之間的基因差異不到一%，且種族內不同個體之基因差異，平均而言大於種族之間的差距，因此可以說個人差異是人類差異的主要來源，種族或族群差異的貢獻量相對而言小很多，若真要談種族差異（而非種族主義），則可能以從文化、生活方式、環境等層面立論為宜。雖然理性而言，很多事情應有充分證據後再做決定，但人間社會經常理盲又濫情，做出不少怪異又害人的事情出來，底下舉幾個出名的例子，來貫穿這些議題。

Buck v. Bell 判例

一九〇七年美國印第安那州通過對「不健全者」（包括行為不檢、性格缺陷）施行絕育，迄一九三〇年美國已有三十州通過絕育法。至於低能（imbecile）原本指稱的是智能上的低落（智商在二十六年至五十，一般群體的智商分配大約平均數一百，標準差十五），後來演變成是指涉道德上的失能，主張犯罪優生學觀點的人，認為若能讓低能者不生育後代，便能降低犯罪率。這個名詞與心智衰退（mental retardation）之類的說法，已被認為是有歧視色彩的政治不正確言詞，現在大半改稱「知性失能」〔intellectual disability，美國歐巴馬總統在二〇一〇年十月所簽署羅莎（Rosa）法案之用語〕。

一九二七年美國最高法院的 Buck v. Bell 案，由荷姆斯（Oliver Wendell Holmes, Jr.）法官撰寫裁判主文，主張為保護國家及國家的健康，對不適合者（包括低能）做強迫絕育，並未違反美國憲法第十四條修正案之法定精神，荷姆斯在結論時說了一句廣被嚴厲批判的名言「三代低能已經夠了」（Three generations of imbecile are enough），其主張的依據是看到了凱莉・巴克（Carrie Buck）自己與她的母親和女兒，都被懷疑是低能者。接著凱莉・巴克被強迫做節育手術，貝爾（John Hendren Bell）則是負責執行手術的維吉尼亞州一間療養院的院長。該判決的背後支撐，則是美國社會與學術界當時流行的優生學偏見，其中要角之一是冷泉港實驗室優生學紀錄辦公室主任勞夫林（Harry H. Laughlin），他在一九三六年接受海德堡大學榮譽博士學位，在二戰結束後的紐倫堡大審中，納粹醫生還引用他在 Buck v. Bell 案中的觀點，為自己辯護。美國的強迫絕育率，一直要到一九四二年的 Skinner v. Oklahoma 案例判定後，才不再攀升，一九六三年終止絕育法律之不當使用，但美國最高法院從未曾對 Buck v. Bell 案的判決做過明確翻案。

美國與德國在優生理論及實務上之比較

檢視過往這段歷史，一九〇七年美國印第安那州通過對「不健全者」施行絕育，迄一九三〇年已有三十州通過絕育法。一九二七年美國最高法院通過維吉尼亞州的非自願絕育法令。一九三〇至一九四四年美國加州超過一萬一千人在法令下非自願絕育。一九三三年納粹黨執政，德國通過優生絕育法，當時希特勒的政治標語是「納粹主義就是應用生物學」（意指種族科學），一九三五年頒布《德意志血統與榮譽法》，禁止猶太人與德國公民通婚。一九三三至一九四五年期間德國人工絕育者約三百五十萬人，一九四一年德意志第三帝國精神醫院處死一萬多名精神病患，認為「不值得存活的生命應予毀滅」，迄二次大戰結束共處死七萬餘名（與對付心智缺陷的Ｔ４祕密計畫有關）；一九四二年納粹高階軍官參加萬湖會議（Wannsee Conference），決定採有組織的滅種，嗣後於一九四三至一九四四年在波蘭六大集中營內（包括奧斯威茲與特雷布林卡（Treblinka），以一氧化碳、氫氰酸、槍殺、注射等方式處死囚禁者，死者逾六百萬（泰半為猶太人）。一九五〇年聯合國發表「關於種族的宣言」，一九五一年聯合國發表「有關種族問題的生物學觀點之主張」，一九七八年聯合國發表「關於種族與種族偏見的宣言」，共有一百多國簽署。

綜觀這段近半世紀的歷史，可以發現雖然優生學理論始自高爾頓（Francis Galton），在一八八三年創建的新詞Eugenics，但基本想法其實早就流行在英國與歐洲，不過一頭熱當一回事瘋狂實施的卻是美國，接著發生歷史上的悲劇連結，影響了納粹德國的優生與人工絕育。至於希特勒與納粹所進行的集體滅種，則來自更嚴重之種族主義的作祟，不能怪罪到美國頭上。

這種大規模的人性滅絕行動不能等同於優生學運動，雖然優生學運動也是一樣的惡名昭彰。納粹早在一九二〇年提出政治進程時，即已擁抱種族主義，之後提出「國家社會主義的科學選擇原則」，預示了一九三三至一九四五年的安樂死、醫療處死、與一九四三年消滅猶太人的「最終處理方案」。一些具體主張毫不忌諱的宣揚於外：1.所有德國住民是不平等的，有些人比其他人更有價值，應給予不同待遇。國家有責任去影響這些事情，優秀的應予增益，低劣的應予消滅，以改善種族的培育。2.依下列四原則決定德國住民的高低價值：專業上的表現、依健康與種族特徵而決定的體能特質、精神道德與文化特質、考量上兩代的遺傳特質。
3. 對低等族群不應同情，包括盲跛聾啞、孤兒、罪犯、娼妓、智能低下者、弱者、有遺傳疾病者、病態者等。替這些人做任何事，不只浪費資源，更牴觸了生育的選擇過程。

這些瘋狂行徑今日看來當然是完全不可接受，令人不寒而慄，也找不到客觀的科學與醫學證據可以正當化其行為，但何以當年竟可在集體情緒驅動下，在國家社會主義的扭曲鞭策下，齊奔瘋狂之境？優生學本是一種學術理論與主張，智商之先天與後天成分等問題，皆可在此架構下做中性析論，如行為遺傳學已是一門正規的學問。但接觸這類論述的人，有些由於心智不健全，如偏執狂，讓意識形態容易侵入，變成充滿熱情的主張，若再加上病態性人格（psychopath）這類，心中無是非的道德觀與性格違常，則會付諸可怕的行動，形成悲劇。這是歷史上學術被扭曲，與政治不當結合後，引發人類災難規模最大後果最嚴重的例子。這類行動有時並不會引起足夠的警覺而在事先加以防堵，因為某些後來會演變成後果不可收拾的作為，在剛開始時也有機構理性之邏輯（如設定移民配額、減少家庭養育負擔、依智能安排工作以追求總體效率之提升等），或者以這個社會建構之公平正義原則，來調控這個社會的最佳發展（如限制住居、區別課責課稅、差別優惠待遇等）。但當整個作法逐漸失控，釀成質變，成為歧視與消滅時，縱使沒有人預期會有這種非意圖後果（unintended consequences），也沒有人覺得這是應該的，但這時大家都成為共犯而不自知，這也是漢娜・

鄂蘭（Hannah Arendt），在耶路撒冷納粹大戰犯艾希曼（Otto Adolf Eichmann）審判觀審後，提出「平凡的邪惡」（the banality of evil）之意。所以轉型正義的最重要意義在此，在於藉整個社會的反省與後續作法，來確保歷史不再重演，並讓受害者所受之冤屈得獲補償，人間正義得以恢復。

基因與移民

一九〇九至一九二七年間，美國社會發展出「對心智薄弱、犯罪傾向、癲癇、精神失常、貧民等群體而言，人工絕育是最具成本效益又不致造成顯著醫療傷害的方法」之優生學觀點。一九二四年美國新移民法防堵南歐與東歐移民（也包括日本人在內），成功的使每年五十萬移民數目減低到每年少於一萬人。這項法令之制定普遍被認為是來自優生學與人種歧視的社會氛圍，曾獲得遺傳與優生學家在國會作證時的支持，舉證愛爾蘭人愛喝酒、義大利人貧窮、猶太人貪婪，而且是來自種族遺傳。但若干人類智能研究者指出，在一九二四年美國移民法的制定過程中，並未真正涉及智力測驗之討論，當時重要的智能研究者，如戈達德（H. H. Goddard）、特曼（Lewis Terman）、耶克斯（Robert Yerkes）與桑代克（E. L. Thorndike）等人，亦未奉召到國會作證，因此認為一九二四年移民法的制定，比較是受到種族偏見與種族主義的影響，與智力測驗並無相關。這聽起來是一種撇清的說法，因為早期的部分人類智能研究者，不免有反對移民的心態，但各國總體智力分數的分配，互相之間交疊甚多，並無清楚的分界線可資依循，若在制定移民法律時提出作證，反而是治絲益棼，所以人類智能研究者在此一事件中，因之得以避免做出不當的政治表態。

二〇一三年五月八日《紐約時報》報導，在國會討論修訂移民法案時，猶他州共和黨參議員哈奇（Orrin G. Hatch）爆料提出，二〇〇九年一位美國傳統基金會（Heritage Foundation）的資深研究人員瑞奇萬（Jason Richwine），在哈佛大學提出公共政策的博士學位論文時，認為美國的西班牙裔移民的智商顯著低於當地白人族群，這種現象應納入修訂移民法之參考。有些人趁此搧風點火，但在這種時代出現這種論調，當然是政治不正確，討不到任何好處，因此傳統基金會迅即切割，就像二〇〇七年冷泉港實驗室與華生做切割一樣（參見〈學術與政治之間〉一文），聲明瑞奇萬的論調，並非來自傳統基金會所支持的研究工作。

人類行為與基因

精神醫學家安德瑞蓀（Nancy Andreasen）在一九九七年很篤定的說明，除了阿茲海默症（記憶喪失外尚伴隨精神症狀）之外，其他任何心理疾病尚無可靠具診斷性的生物遺傳標記。在攻擊性與暴力的基因基礎上，有關人類攻擊性的遺傳研究相當缺乏，難以做出任何有意義的結論。在人類犯罪行為的研究中，有一種幾十年前的主張，認為第二十三對染色體若多了一個Y（XYY），則容易犯罪，並由此做出很多危險的推論，從現代的眼光來看，這些推論可謂不負責任之至。

鐘形曲線為誰敲：人類智能的遺傳

在人類行為與基因的研究中，爭議最久、強度最高、社會引伸性最大的，莫過於人類智能的遺傳性及種族差異的遺傳性之辯論。十九世紀的辯論，集中在腦容量大小以及不同種族之間，如何與心智能力發生相關。十九世紀的知名腦科醫生布羅卡（Paul Broca），是一位早期的種族主義者，他主張優秀種族的腦子比劣等種族的大，男人的腦子比女人大，因此也是比較聰明。諷刺的是，布羅卡死後捐出解剖的腦容量低於平均值，對這樣一位絕頂聰明自認腦子比較大的腦科醫生而言，這種結果是很不理想的。其實智商與腦容量之間的關係並不明確，男女之間與種族之間，在矯正體重與來自緯度及氣候所造成的差異之後，並無腦容量上的差別。

赫恩斯坦和穆里（Herrnstein & Murray, 1994）出版《鐘形曲線》一書，論者以為該書並無新意，只是重述簡森（Jensen, 1969）的主張，並加入布查爾（Bouchard et al., 1990），與其他新近的研究資料而已，其基調還是在重彈種族主義的老調。簡森經整理相關測驗資料後，認為美國黑人與美國白人之間確有一個標準差（十五分）的差距（白人平均數一〇二，黑人八十七），又因智商測驗量測的是基本心智能力（g），而該 g 因子經由過去雙生子的研究，認定有相當大成分是來自遺傳，所以黑白的十五分差距應是遺傳所造成。他之後也認為美國學前兒童的啟蒙計畫（Head Start）之所以失敗，部分原因是來自種族智能上的差異所致，因為參與者大部分為智商低的黑人小孩。布查爾等人則進行五十對分開領養的同卵雙生子之相關研究，認為智商的遺傳成分比重平均約為七〇%，該結果雖屬基因決定論，但不必然就是種族決定論，惟甚易被引伸，因此被視為是種族差異論者可重回科學主戰場的強心劑之一。布查爾後來的研究仍不改其一貫觀點，指稱在同一家庭長大的同卵雙生子之間的相似性，並不比分開領養的相似性高；分開領養的同卵雙生子，則比住在一起的異卵雙生子之間的相似性高。依此，他還是堅定的認為人類智能與認知能力中，有六〇至七〇%的變異量是來自遺傳因素的影響。

針對一些從智商遺傳性過渡到種族遺傳性的範疇謬誤，古爾德在一九九六年重印擴編其一九八一年出版之《歐洲白人中心主義的錯誤測量》（*The Mismeasure of Man*），狠批《鐘形曲線》一書，並稱其為社會達爾文主義陰魂復現的產品。他指出唐氏症者身材短小是因多了一條二十一號染色體之故，但不能因此而在身高的鐘形分配中，認定身材矮小的人也是來自二十一號染色體的變異，這種將正規的變異視為來自病理性的原因，即是一種範疇謬誤。而主張智商在種族內有中度遺傳成分，即因此跳躍認定種族間的ＩＱ差異係來自遺傳差異的思維方式，明顯犯了推論上的範疇謬誤，也不符新達爾文主義的看法。

還有一些比較次要的辯論，略述如下：1.同卵雙生子的領養研究，並不能完全區分遺傳與環境的影響，因為同卵雙生子在同一母體中發育達九個月以上。真正要確定遺傳成分，恐需在試管中形成雙生子胚胎時，即予分離植回不同子宮，方能做日後的遺傳關聯研究，但這種作法在倫理考量上根本是不可能執行的。2.一對高智商父母的嬰兒，迷失在叢林中十五年，回到文明社會後的表現，若用智商測驗去測，恐也會低於七十，但是基因配置應無不妥。這種涉及關鍵期的個案，顯然是受到後天影響有以致之；同理，後天論者如何解釋智商低於七十的智能不足者？該類個案的解釋存在有各種可能性，除了從遺傳入手之外，還可採用大腦功能變異、細胞質內變異、環境剝奪等說法。3.一九九四年的資料指出在過去二十年中，日本小孩的智商高出美國同齡學童至少十分，這可能是學校教育大幅改善之故，不太可能是來自日本小孩的基因突變。

若智商有六〇至七〇％來自遺傳，其他為後天，則情緒智商與創造力的後天成分更大。智商被視為是一種單一的潛在天生表現，乃係統計處理上的假象，若依多元智能的觀點，它應是具有多元性狀，所以要找出單一的基因是很困難或不可能的。既然如此，情緒智商與創造力更像是一種後天性狀（acquired traits），則依中央法則的分子生物學原理與新達爾文主義的精神，它們難以被反轉錄到DNA上，大部分既非來自遺傳，亦難以遺傳給下一代。

一般認為身體疾病既然可以找到相關的基因（以及它的表現），則在人類心智的運作上，很自然的也會想到基因，這是在生物體上最直覺也是最基本的單位，因此科學界興起一股desperate hunting（瘋狂的獵尋）之熱潮。但是追求心智的最小單位，分別標定行為的遺傳與後天因素，豈是一件簡單的事。瑞德利（Matt Ridley, 1999）在其書中對二十三對染色體一條一條評論，尋找人性各層面與基因的關聯，綜合之後可列出表格如後。6p22指的是第六號染色體短臂第二橫紋區的第二個位址，Xq28表示X染色體長臂第二橫紋區的第八個位址，17表示第十七號染色體等等。由下表可看出在眾多有關基因與人性的關聯研究中，眾說紛紜與未定論最多，其中有趣的是有一部分與人類智能相關的基因研究，認為負責之基因位址在6q，但剛好也是與肝癌基因有關之處，雖有人強做解釋，認為兩者皆進行強烈的代謝作用，所以放在一起亦無不可，但能同意這種說法的人恐怕很少。至於在有堅定宗教信仰者身上，說不定可以找到共同的基因，這種基因會驅使他們時間一到就往教堂跑，但這種說法被歸類為製造虛假相關，因為這種相關令人覺得荒謬。是否有自由意志基因？一個人若跟一般人一樣相信有自由意志的存在，但他又相信凡是人類的行為背後必有基因基礎，則自由意志亦應有基因基礎，但若自由意志背後真有基因則一定是不自由的，如此則形成詭論。若要堅持人性的基因基礎，又要避免這種詭論發生，則可認為人間沒有自由意志這種東西，它只不過是人類的一種錯覺而已，確實也有不少學者這樣想，不過離一般的常識認定很遠。

人類行為的基因位址研究舉隅

	基因位址	說明
1. 精神分裂症	5q11-13, 6p, 6p22, 6p24-22, 9, 15q13-14, 20, 22	眾說紛紜
2. 躁鬱症（雙極性情感精神病）	11p, X	未定論
3. 暴力犯罪	Xq, XYY（第 23 對）	孤例或未定論
4. 同性戀	Xq28	未定論
5. 追求新奇刺激性格	11	未定論
6. 心情變化起伏	18q22-23	未定論
7. 焦慮	17	未定論
8. 智能	6q（IGF_2R 基因）	肝癌相關基因
9. 宗教信仰	？（上教堂基因）	虛假相關
10. 自由意志	自由意志基因？	形成詭論

以上所整理之系統性資料，大都是二十來年前的「舊聞」，乃因那段期間正是人類基因圖譜大規模研究啟動與完成之時（一九八九至二〇〇〇），相關的科學基礎研究與爭議

也較多，二〇〇〇年之後轉往基因圖譜之醫療應用，以及蛋白質體、代謝質體、人腦連接圖譜等方面之開發，在基因與人性後續的科學議題上，應仍大體不出原來熱中的範圍，至於在人類行為之基因基礎上，是否有進一步重大突破，以及是否能夠改寫教科書上的重要內容，則尚待進一步了解，無法在此論斷。就像視覺的神經基礎研究過去五十年已拼湊出一個大圖像出來，但教科書上若干相關的視覺與色彩理論，還是偶爾會面臨強大的挑戰。其中之一就是哺乳類動物的晝夜節律，是由一個位於大腦視交叉上核（SCN, suprachiasmatic nucleus, 在下視丘）的生理時鐘所管轄。愈來愈多證據顯示，一種新發現的視網膜光感受器，稱為「自發性感光視網膜神經節細胞」（ipRGC, intrinsically photosensitive retinal ganglion cells），在調節和同步晝夜節律上具有重要性。這些 ipRGCs 在圓柱與圓錐感光細胞沒有訊號輸入時，仍可透過一種特殊光敏蛋白的黑視素（melanopsin，對四八〇奈米左右的藍光波段反應最佳），產生光敏反應，影響 SCN 的運作（Berson, Dunn, & Takao, 2002）。這種現象其實於一九二三年在沒有圓柱與圓錐感光細胞的視盲小鼠身上，即已初步觀察到仍有瞳孔的光反射現象，表示似乎另有其他類光敏細胞的存在，但一直要到一九八〇年代才能做出有系統的研究。這類發現令人驚訝而且滋生困擾，因為大部分的視覺與色彩理論都是建立在傳統的感光細胞功能上，現在冒出一個本來被認為在光傳導過程中只是在圓柱與圓錐感光細胞後端，協助彙總傳遞感光神經反應輸入的神經節細胞（神經節細胞之解剖位置很特殊，是在這兩類感光細胞的前端），現在竟發現其中一小部分的網膜神經節細胞（約占一%），變成是第三類獨立的光強度反應細胞（與影像形成之類的形狀視覺甚少關聯），讓人大吃一驚，也帶來極大困擾，很多理論工作必須重新考慮要如何修正。

由此看來，人類心智的生物與基因基礎，可能也需要另一個五十年來搞定，但在這過程中是否會出現令人驚訝又困擾的課題，如視覺研究中無預期的ipRGCs，則未可知！因為在過去有關基因與人性的基因基礎研究中，很快發現它們與身體疾病有明確的基因基礎大不相同，很難建立單一性的直接關聯，傳統上認為人類行為大部分應是來自後天，且如中央法則所說的不會轉錄到遺傳基因上去，而且縱使有一部分來自先天（如智能），也是多形性狀多基因，或者需有後天環境條件來驅動（epigenetic）。但這種傳統信念會不會在哪一天像發現ipRGCs一樣被翻轉，則尚有待觀察。

Hello! 桃莉羊純種的試探

複製技術其實與當代基因科技是有些距離的，但複製的成品則與基因的內容息息相關。過去一個世紀最大最重要的複製新聞，當然非威爾穆特及其研究團隊的成果莫屬，它們同時也是最具刺激性的，因為這些成果的引伸已經讓一些人開始走在危險邊緣，對一些渴求「純種」的人展開試探。

坎貝爾（Keith Campbell et al., 1996）發展出一種技術，將已進行分化的胚胎細胞使其脫離成長週期回歸寂靜，進入不會進行細胞分裂的G_0階段，以造成基因表現可以重新設定的效果，而且可與卵子細胞質的細胞週期相容，不致進行多餘的ＤＮＡ複製程序，因此不致造成在結合後的發展過程中產生染色體異常。之後再將其細胞核藉短暫電流刺激之助，融合入另一已拿掉遺傳物質的未受精卵中，發育成為胚胎，再放入代理孕羊生出小羊。藉此技術之助，威爾穆特（Wilmut et al., 1997）摘取六歲本尊已分化的體細胞（九〇％以上為乳腺表皮細胞），取其細胞核移植到已無遺傳物質的未受精卵中，所以遺傳物質只來自單一個體，融合後的細胞核ＤＮＡ為百分之百的複製。當時的問題是，體細胞的基因表現是否已無法逆轉，所以不能具有生育細胞的功能？他們利用前一年發展出來的技術，將體細胞的細胞週期歸零（亦即在理論上，讓已分化的體細胞回歸到剛開始的胚胎狀態），以重新設定基因表現的方式。不管如何，他們做到了。威爾穆特認為該複製成功的秘訣，在於讓已分化的體細胞之ＤＮＡ行為表現，在減少血清的養分供應下放在鹽水中，讓其挨餓並促使進入冬眠，以回歸到G_0（或G_1）狀態。剝奪血清供應，使體細胞上的很多基因關閉，且可保證在移植前未進行ＤＮＡ複製。以短暫電流刺激促使融合後，受精卵前三次分裂所需之蛋白質與信使ＲＮＡ，全部由原來卵子（現在的受精卵）之細胞質所供應，故該ＤＮＡ可以在受精卵內被重新設定其基因表現功能，而無性生殖下所形成之胚胎因此可以開始正常發育。威爾穆特認為大腦與肌肉細胞，可能在功能上已太過特化，以致無法重新調整其生物時鐘；但一群法國科學家已利用同樣技術，在一九九八年摘取已六十天大的非人類胎兒肌肉細胞，複製成功。

但是已分化的細胞是否真能複製，科學界不是沒有爭議。他們對該項複製舉出了很多問題點：1.染色體長臂的終端（telomere）耗損，是否可能使複製出來的桃莉羊提前走完壽命大限？2. DNA突變的可能性是否已加強？3.是否真正抽到已分化的乳腺細胞，是否有可能來自乳腺中尚未分化而外型不易區辨的幹細胞？另由於本尊當時懷孕，胚胎細胞仍有微小可能性循環到乳腺附近，而被抽到。4.未受精卵子中的核DNA可能未完全摘除（細胞質的粒腺體DNA分子環的基因，主要在製造供應細胞所需之能量，應不妨礙或混雜核DNA的遺傳表現）。其實這些爭議本身都是進一步的重要研究項目，可解決當代諸多科學問題（如老化之謎），上述問題大部分都是純技術性的，透過各大實驗室交叉驗證，現在懷疑該複製可能性者已不多見。

桃莉羊（Dolly）的成功複製並非一夕之功，而是有一長段歷史。一九六六至一九七五年間，格登以蝌蚪的小腸細胞複製出生長良好的成蛙，指出利用已分化或甚至成年體細胞複製，至少在理論上是可行的。以成年體細胞可複製出發展到心跳階段的蝌蚪，指出已分化的細胞並未造成染色體基因的永久或不可逆轉之變化。一九八六至一九九六年間，在哺乳類動物（羊→牛→綿羊）中，利用尚未分化或分化程度有限且細胞週期歸零（G_0）的胚胎細胞核，施以短暫電流刺激，融植入已挖空細胞核的未受精卵，進行複製。威爾穆特等人在蘇格蘭以成年體細胞複製，在懷孕一四八天後於一九九六年七月五日出生，該成果彌補了一九六六至一九七五年期間格登的研究所留下之真空，且係用哺乳類作為複製對象，引伸出對其他成年脊椎動物（包括人類）的複製，至少在理論上是可能的！

複製人的未來

當然，社會大眾與科學界最關心的還是可不可能做到「複製人類」的問題。複製人所面對的問題，在技術上至少有下列兩項問題：1.威爾穆特等人取出乳腺細胞使其回歸 G_0 狀態者有四百三十四個細胞，二百七十七個融合成功，最後產出桃莉羊，故其成功率應為四百三十四分之一，而非一般所說的二百七十七分之一。如何提高成功率，以減少倫理問題，是其必須先面對的。2.不同種屬的細胞分裂速率不同。哺乳類的細胞分裂速率比兩棲類慢，故其卵細胞質有更多時間去重新設定融合核DNA之基因表現，不需太早就要求核DNA製造蛋白質，這可能是因為在某關鍵時刻前，即需有核DNA製造蛋白質，以促成胚胎的正常發育。另一類似的說法，則是在融合時，卵子的細胞分裂次數決定了融合細胞核DNA有無充裕的時間，該一關鍵時刻在老鼠為一次，卵細胞分裂一次之前植入體細胞核，在分裂一次之後即拖著融合後的核DNA做反應，致使核DNA沒時間重新設定，故老鼠複製很不容易成功，惟科學界已於二〇〇三年宣稱成功複製第一隻老鼠，雖然不成功率仍然偏高；在人類則為兩次，卵分裂為四個細胞之前植入，有一至四個細胞之間的餘裕，時間可能仍太短；在羊則為三至四次（八至十六個細胞），故有人認為這是複製羊的成功之鑰。依此判斷，則跨種屬之間的複製，尤其是在複製人部分，仍有很多技術上的難題尚待克服，但科學的演進存在有任何可能性。

複製人的困難恐怕還不在技術層面，而是在倫理與道德上。按照慣例，科學家總是有很大的機會去解決技術問題，但是倫理與道德問題，卻可能是無解的，除非未來的世界是一個我們完全無法想像的社會。其實同卵雙生子比複製人會有更高的子代間基因相似性，但是為什麼我們不怕同卵雙生子，卻害怕複製人的出現？從技術層面看，單一體細胞複製人具有幾近百分百的子代與親代間基因相似性，對我們平常的認知而言，要去接受「複製人與其生物單親祇不過是年齡相差五十歲的雙胞胎」這種觀念，需要有很大的思想跳躍才搞得清楚，而且是全身不舒服。假如把單一體細胞的複製作為不孕症療法之一，以履行最重要的生物使命去有限繁衍後代，也許還能博取同情，但若造人只是為了供應生物單親甚至陌生人的治療「材料或零件」，則對正常人而言是不可容忍的，更別談宗教觀點。此時康德有關人性尊嚴的道德原則：「個體永遠不能完全被當作一個工具（或手段）使用，而應永遠也是一個目的」，是完全具有正當性的。另一方面，假科學之名的誤用與量產，將製造出大量具有高子代間基因相似性的複製人，其實施將嚴重傷害到被複製人的人性尊嚴與自主性，若優生學濫用再起，將重演過去人類歷史上所遭受的災難。除此之外，它也違反了自然的演化規律，帶來層出不窮無法預測的後果。古爾德曾指出無性生殖會減少個體間基因之變異，使天擇機制無所措手足，將使演化走向死胡同，一旦複製規模變大，則違背自然的演化會帶來什麼災難，

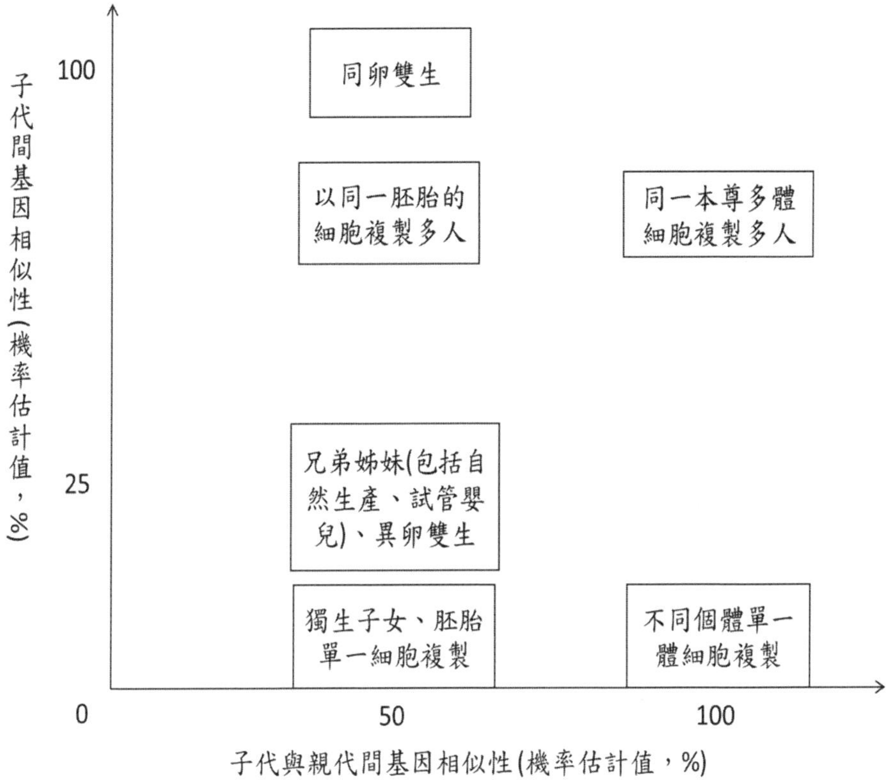

人類有性與無性生殖之基因相似性比較

圖示說明：同卵雙生比複製會有較高的子代間基因相似性之理由如下：1. 複製用之不同體細胞有分化程度上的不同，同卵雙生則由同一受精卵分裂而成。2. 同卵雙生有同樣的粒腺體 DNA（mtDNA）與細胞核 DNA，一般複製則有不同的 mtDNA。細胞質內有數百粒腺體，每一粒腺體有多個 DNA 分子環，每個環包含數十個基因供細胞產生能量之用，在一九八八年後研究者認為 mtDNA 的缺陷，可能導致老化與疾病的遺傳效應。3. 同卵雙生在同一時間、同一子宮共度九個多月以迄生產，一般複製則理論上係由不同代理孕母懷胎。不過該相似性差異之來源應屬環境因素。

殊難預測。反之，若大量複製但想辦法不去減少個體間之基因變異，則其交換條件為將大幅增加新而罕見的突變，但增加太多突變，將帶來一般人更不樂意見到的畸形或變種危機。

同卵雙生子為何會比複製人有較高的子代間基因相似性，請參見下圖說明。

複製人的ＥＬＳＩ爭議

複製技術演變到今天，除了給若干不孕症者與想排除缺陷基因者帶來無窮的希望外，也一直在試探人類對「純種」的渴求。人類中究竟有多少浮士德實難預料，也正因如此，對複製人相關的倫理、法律、與社會引伸含義，實有未雨綢繆之必要。華生在一九八八年初任美國ＮＩＨ人類基因圖譜計畫召集人時，即主張成立ＥＬＳＩ（ethical, legal, and social implications）小組，他當時應尚未想到除了人類基因定序之外，還有如此爆炸性的複製人問題需要處理。但華生的先見之明，使人類社會對基因科技的ＥＬＳＩ議題，有了較好準備，可以在此基礎上討論複製人的何去何從。

桃莉羊公諸於世後，美國的生物倫理諮詢國家委員會（National Bioethics Advisory Commission, NBAC）即舉辦長達三個月的公聽，並向美國總統提出三點總結建議：1.複製人的禁制令應再展延。2.制定聯邦法以禁制人的複製。3.對任何反禁制法令宜有落日條款。白宮依此建議提出「一九九七複製禁制法案」，擬禁止任何有關複製人類的體細胞核移植，但同時又包括五年落日條款，且小心的不去限制複製分子、DNA、細胞、組織或動物之重要且有展望性的工作。但縱只是這樣的立法草案，也引起很大爭議。研究機構對罰則不以為然，對不同類型的複製有不同看法，對厚此薄彼不以為然（如認為化療與骨髓移植的風險更大），生怕會干預到科學研究的完整性，對複製結果是否會比自然生殖差也有不同意見。不同團體有不同的著力點，如一九九八年二月在美國費城舉行的美國科學促進會（AAAS）年會中，曾激辯人類複製之對錯，科學家與宗教領袖皆同意基於安全理由，應禁止複製人類，而其理由居然只強調會產生畸形或死嬰的高風險性。

歐洲議會、聯合國教科文組織（UNESCO）與世界衛生組織（WHO）也都主張應簽署國際公約禁制人類複製，且提議為人類生殖目的之複製應延後五年、十年，甚至更久。但歐美國家與世界組織一直沒有具體行動，主要是碰到不知如何兩全其美的難題，如何在禁止複製「全人」時，不致傷害到複製技術之研發而影響到生物醫農之發展；其中包括有利用基因轉殖的動物，來提供治療性藥物與可移植之器官，在醫療上如何呼應不孕父母的期望，以及提供致命疾病的有效療法等項。

再看瑞士的處理方式。瑞士在二戰時是中立國，並無納粹歷史陰影，境內大半都是德裔，在看過二戰德國所做出的世紀性災難後，對基因工程非常保守，在一九九二年有四分之三的人認為人類基因檢測、基因治療、試管嬰兒等作法，應有嚴格限制。但到了一九九八年在瑞士全民公投中，以一百二十五萬對六十二．五萬票比數，同意放寬基因研究。其中有幾個關鍵因素，一為經濟誘因，認為基因研究可能增加經濟動力與產值；另一原因則是三千多位科學家，包括瑞士五位諾貝爾獎得主中的四位，在蘇黎世遊行，呼籲國人應相信從事基因研究的人，能在適當的監督下做好事情等等，想辦法讓瑞士人對政府與研究者放心，不會重蹈二戰德國的覆轍。

基因主義重返戰場？似曾相識燕歸來！

基因歧視與滅種

當科學愈來愈具體，對基因的了解也從概念性的遺傳因子，轉移到染色體上的特定位址，科學研究者應該要更小心才對。但從過去歷史中，諸多基因歧視、對純種的渴求、優生絕育法令、與基因屠殺（滅種）案例，讓人難以釋懷。基因歧視可以從輕微到災難，其排列順序大約為：缺陷基因之醫學檢測及防治→以人種DNA指紋作為資料庫的犯罪紀錄檢測→以基因檢測為基礎的就業歧視→純種實驗→種族分隔→優生非自願絕育→廣泛且實質的種族歧視→基因屠殺（滅種），有識之士其實皆能分辨這些基因歧視的不正當性何在。

以基因檢驗為基礎的人才篩選，則是一種新型的基因歧視。在基因科技商業化下，雇主為了壓低成本，會想到要求職者提供或做基因檢驗，以降低保費或排除易致病體質等不確定因素，雖然截至目前為止，並無任何科學證據可說明有何基因與工作表現的能力有關。美國北卡羅萊納州首先於一九七五年立法禁止在徵人或就業時，涉及任何基因歧視的措施；一九九一年威斯康辛州有更周全的保護措施，禁止雇主取得基因檢驗結果，並保障受雇人之隱私權。目前已有多州有該類立法，但一般而言只禁止雇主使用DNA或蛋白質之測試結果，並不禁止雇主使用表現型（phenotype）指標、遺傳特徵、或要求做基因檢驗，而在聯邦層次對此亦無明確規定。

羅素認為民主社會主張人人平等，但廣泛的優生學（非指單純的遺傳諮詢）則係基於人是不相同不平等的假設。激情的優生學運動認為可將天擇轉化為人工選擇，以加速演化過程朝特定方向去。為了達到該一目標，則先正當化不同群體不同種族確有行為與智能上的不同，且該不同有其遺傳基礎，之後再呼籲制定新社會政策，目標在於使某些「較差」的群體或種族減量，以加速社會往好的方向演化。在這一連串正當化的邏輯之中，優生運動、種族分隔與歧視、基因主義其實皆已勾串在一起。美國社會雖因一直維繫民主政體，得免發生基因屠殺的悲劇，但考諸歷史，還是血跡斑斑，社會上隨時都有可能幽魂再現，縱使民主政體也防不了這些在底層流動的魅影。至於獨裁極權國家或動亂之地，則仍不能防止滅種的災難，波士尼亞的種族清除戰爭（一九九二至一九九五），已浮現出希特勒時代的大屠殺樣板，雖然規模遠不如當時，但其強度顯然有頡頏之勢。基因屠殺問題的核心在於「群體」，發動滅種的野心家心中已無各具獨特性的「個體」，這才是悲劇的主題。但是滅種的原動力真的來自對基因的鄙視嗎？可能不盡然，常常是因為政經利益上的考量，發現某一種族成群結隊令人厭煩，且可能有損本族利益，於是利用社會上瀰漫的「刻板印象」鼓動風潮形成政治運動，搞政治的從中牟取利益，將社會、族人一步一步帶向沒有光的所在。基因、遺傳也者，只是被利用來偽裝與加強人民仇恨的幌子而已。

經濟學家貝克（Gary Becker, 1971）曾主張若解決了市場上的種族歧視（如工資差異、白人與黑人住宅區買賣價格的種族歧視），則同時也解決了非市場歧視，但這種說法可能是片面的。因為市場歧視的啟動，也可以是來自非市場歧視的後果，才使得雇主去考量生產成本與公司形象，而有市場上的歧視。貝克又認為歧視可能來自溝通不良與接觸不足，這些說法大體上是對的，但並不適用於某些著魔（obsessed）或別有用心的野心家，而這些人才是發動基因歧視最大的一隻黑手。回顧歷史，對種族歧視的最佳因應策略，仍應是密切監視，不容樂觀。台灣過去並無特別的種族歧視歷史，但亦曾擬對智障者絕育、加強原住民結紮、鼓勵教育程度低者絕育、與擬定外籍新娘配額等非自願政策，都讓人聯想到二十世紀初的美國移民配額法案與德國優生絕育法案，好在都在國內有識之士的點醒下，走向自願化方案，而未形成令人遺憾的政策。縱使在一個沒有醜惡歷史的民主國家，我們還是要小心它突變的可能。

無辜的基因，著魔的智人

從上文中，應已可清楚看出在著魔時代的基因主義風潮下，正經的科學家還看得清楚現象的複雜性，也堅守解釋上的分寸，但心中自有定見或者媚俗的科學家則不想區辨，甚至以煽動的言詞建構出一套充滿範疇錯誤的理論。俗民則有熱情但無區辨力，心中也有一堆亟待分類去除的刻板印象。野心家在發現有機可趁時，發起以科學為外衣遂行其政經利益的運動，到最後可能連自己也變成狂熱的信仰者，開始以百姓為芻狗。可見無辜的基因，在著魔智人的運作下，很快就被判定有罪，最後雖想回頭卻已百年身，還很難說下一代已獲取了歷史的教訓。

要想防止悲劇或令人不滿的結果復現，應該是有辦法的，底下試舉三點供參：

1. 科學界內部的正常運作規範可免於種族主義的扭曲。愛因斯坦在一九一五年十一月發表廣義相對論，提出光會因重力效應而偏折一固定量的想法。一九一九年愛丁頓（Arthur Eddington）組遠征隊到普林西比島拍攝日全食，發現在日全食時太陽被月球全部遮蓋，但太陽周圍的明亮星球仍清晰可見，利用照相與照片判讀，並比較同一區域在沒有太陽出現時的夜晚照片，發現星光在經過太陽時會產生偏折（約一．七弧秒），與愛因斯坦基於重力效應所做的預測大體相符。從此愛因斯坦就上了報紙頭條與雜誌封面，開啟了他的科學新紀元。但反猶太主義當時在科學界有其支持者，包括兩位諾貝爾獎得主在內的一些德國科學家，極力想清除這件「猶太科學」，找到了愛因斯坦不知道，但在一百多年前由德國巴伐利亞天文學家索德納（J. G. von Soldner）提出的「重力會使光彎曲」假設，並在一九二一年重新刊登於物理年刊中，以貶抑愛因斯坦的成就。但是大多數非猶太裔德國科學家，並不贊同此一觀點，整個基於種族主義的反相對論運動，在科學史上只是一個泡沫而已。由此可見科學界內部若有正常的運作規範，還是可以抵擋種族主義的扭曲。雖然當時還不是納粹主義當紅的年代，但社會上反猶太主義已甚盛行，德國科學家還算是有勇氣的。對處理生命的科學家而言，可能要比物理學家更努力，才有辦法抵擋種族主義的壓力，因為生物科學家是更容易被召喚的，而且更有可能對某種生物觀點持特定看法，甚至有超乎科學之外的熱情。

2. 社會上對ＥＬＳＩ議題的討論有助於澄清觀念。美國ＮＩＨ與能源部（ＤＯＥ）在人類基因圖譜計畫中，應華生的要求，設立ＥＬＳＩ小組，全力投入研究，籌組公共論壇，以探討基因研究對倫理、宗教、法律、社會經濟的影響。在人類基因圖譜計畫中，ＥＬＳＩ占有ＮＩＨ經費的五％，ＤＯＥ的三％，一九九七年的經費合逾千萬美元。ＥＬＳＩ的研究範圍包括有基因研究及醫療倫理、基因與行為、大規模基因檢測政策、臨床試驗規範、保險與就業的基因篩檢、基因科技的教育與傳播、基因研究的智慧財產權等議題。有了這些基礎研究之後，再到社會上進行交互辯論，對社會大眾與科學家都有澄清觀念導正行為的效果。

3. 科學家與知識分子在必要時應知所進退。一個人可能在偶然的情境下、有系統的教育下、從眾下、或權勢威逼下，開始相信X，並選取對X有利的論證來強化或發展自己的信念，然後忘掉或反對其他觀點。這種混合著思考固著、選擇性過濾、思考核心元素不變等特質的思考與行動方式，存在於很多領域中。當一個人著魔時，對他是一點辦法都沒有，當一個時代著魔時，更令人不知所措，但我們應該盡量不給他們藉口，如專家不要做過度引伸或表現出不當的意識形態。假如這個人是握有政經權勢或專業權威者，整個情況更為危險，但作為一位正經的科學家或者當為一位知識分子，他應知所進退，對權勢權威或世俗已偏離與危險的集體行為說真話、說重話。這也是薩依德（Said, 1994）一直主張的，知識分子不應媚俗，應該「對公共領域做業餘式的突襲」之主旨。

犯錯與責任

有人主張犯錯是先天因素造成或不能控制（如心神喪失），但可以因此而減輕責任嗎？社會常識當然認定誰做錯誰就該負責，殆無疑義，但更根本的問題是所謂犯錯泰半都是後天的。克里克講得很清楚，心靈不在ＤＮＡ之中；已辭世的宗教界領袖聖嚴師父與單國璽樞機主教的看法，都認為身體短暫，精神與靈性才是久遠的，身體也許可以複製，但靈性、品格、教養、與信仰是難以複製的。這些信念都符合「中央法則」的引伸義：「後天性狀，如品格、教養、靈性與信仰，無法反轉錄到ＤＮＡ，並遺傳給下一代或複製的人。」

另外，人類基因圖譜解密之後，發現基因數目遠不如想像的多，基因與人性的關係亦尚未能建立，過去對基因與人性及種族之間的幾個關聯性認定，其實完全無法從現有科學證據中有效推論出來，但納粹究竟是用什麼樣的狂熱，得到那些結論？這是一種集合偏見、瘋狂、與殘害的罪惡行為，需要有識之士以不同方式堅定的維護人性尊嚴。此所以二戰時，德國物理學家之表現，遠較醫生獲得尊敬，良有以也。但丁曾說過地獄最黑暗的地方，保留給那些在道德存亡之際袖手旁觀的人！也許這是目前所能做的暫時結論。

【延伸閱讀】

1. Francis Crick (1988). *What mad pursuit*. New York: Basic Books.
2. J. Maynard Smith (1989). *Evolutionary genetics*. Oxford: Oxford University Press.
3. F. Crick, & C. Koch (1990). Towards a neurobiological theory of consciousness. *Seminars in the Neurosciences* , *2*, 263-275.
4. G. M. Shepherd (1991). *Foundations of the neuron doctrine*. New York: Oxford University Press.

5. L. E. Orgel & F. Crick (1980). Selfish DNA: The ultimate parasite. *Nature*, *284*, 604-607.
6. Richard Dawkins (1976). *The selfish gene*. Oxford: Oxford University Press.
7. Edward O. Wilson (1975). *Sociobiology: The new synthesis*. Cambridge, MA.: Harvard University Press. .
8. Edward O. Wilson (1994). *Naturalist*. New York: Penguin.
9. S. J. Gould (1997). Individuality: Cloning and the discomfiting cases of Siamese twins. *The Sciences*, *37* (*5*), 14-16.
10. Jerome Kagan (1999). *Three seductive ideas*. Cambridge, MA.: Harvard University Press.
11. J.-J. Hublin, et al. (2017). New fossils from Jebel Irhoud, Morocco and the pan-African origin of *Homo sapiens*. *Nature*, *546*, 289-292.
12. D. Richter, *et al*. (2017). The age of the hominin fossils from Jebel Irhoud, Morocco, and the origins of the Middle Stone Age. *Nature*, *546*, 293-296.
13. C. Stringer & J. Galway-Witham (2017). On the origin of our species. *Nature*, *546*, 212-213.
14. E. Callaway (2017). Ancient genomes expose Africa's past. *Nature*, *547*, 149.
15. N. C. Andreasen (1997). Linking mind and brain in the study of menta1 illnesses: A project for a scientific psychopathology. *Science*, *275*, 1586-1593.
16. R. J. Herrnstein & C. Murray (1994). *The bell curve: Intelligence and class structure in American*

life. New York: Free Press.

17. A. R. Jensen (1969). How much can we boost IQ and scholastic achievement? *Harvard Educational Review*, *33*, 1-123.

18. T. J. Bouchard Jr., *et al*. (1990). Sources of human psychological differences: The Minnesota Study of Twins Reared Apart. *Science*, *250*, 223-228.

19. Matt Ridley (1999). *Genome: The autobiography of a species in 23 chapters*. London: Fourth Estate.

20. D. M. Berson, F. A. Dunn, & M. Takao (2002). Phototransduction by retinal ganglion cells that set the circadian clock. *Science*, *295*, 1070-1073.

21. K. H. S. Campbell, J. McWhir, W. A. Ritchie, & I. Wilmut (1996). Sheep cloned by nuclear transfer from a cultured cell line. *Nature*, *380*, 64-66.

22. I. Wilmut, A. E. Schnieke, J. McWhir, A. J. Kind, & K. H. S. Campbell (1997). Viable offspring derived from fetal and adult mammalian cells. *Nature*, *385*, 810-813.

23. Gary S. Becker (1971). *The economics of discrimination*. Chicago: The University of Chicago Press.（藍科正譯《歧視經濟學》，台北市：正中書局，一九九六。）

24. Edward W. Said (1994). *Representations of the intellectual: The 1993 Reith lectures*. New York: Pantheon.（單德興譯《知識分子論》，台北市：麥田出版社，一九九七。）

輯 三

教育與領導

負責任的政治：高教困境與教育前瞻

要弄好教育的關鍵，在於要有負責任的政治，有人說教育是教育政治是政治，如何可以混在一起，這話理論上沒錯，但不符事實，因為教育要能有效推動，背後經常要有負責任的政策，而政策就是政治的重要一環，若無更廣更大的負責任政治，也就難有良好的政策，其理至明。

我就從這個觀點，來談談當前的教育問題與高教困境。

不知歷史縱深不清楚國際比較，就別妄議國政

在日本明治維新期間，作為君主立憲機關化與倡設國會的操盤手伊藤博文，對國會與行政權有一些值得參考的看法：1.伊藤博文認為首相是大臣之首，他心儀的大宰相主義則是像德國俾斯麥一樣，擁有強大權限領導內閣，率領各大臣，並於法律、詔令等公文書上與主管大臣共同副署（但這一點在現代責任政治中，是不合時宜的）。日本明治維新期間仿歐洲所

創設的內閣官制，首相為大臣的「首席」，首相在正常狀況下有強大權限，但大臣絕非因此而變成首相的幕僚；因此縱使採大首相制，大臣仍是大臣，有其固有職責（伊藤之雄（二〇一五）《伊藤博文：創造近代日本之人》。李啟彰、鍾瑞芳譯，二〇一七，新北市廣場出版）。

2.國會是政治制衡的最重要力量，但真正能執行政策福國利民者，則為行政權之有效行使，因此國會之制衡權力，不應造成行政權有效行使被不當壓制之後果。

回到台灣來看，有人會說，立院黨團與政黨智庫參與主導政務，國會權力凌駕行政權，真有那麼嚴重嗎，民主原則下不是大家都可以參與政策嗎？政府是一體的，何必這麼計較一定要部會分門辦事？既是政黨政治，全面掌權，何以還要分政務與文官體系各司其職？無他，一為專業能力與效率，一為權責相符得以課責。

所以這裡就有了兩輪機制，一為國會一為政策主管機關，兩者要能保持均衡，但均衡的結果是要讓福國利民的政策得以出爐，且能有效執行。記得我們擔任政務與部會首長時，朝小野大，但行政部門具有很大的專業獨立性，互相之間也很團結，因此雖然常被壓著打，卻往往能透過溝通協調，來彰顯政策與行政的精神及獨立性。唯有這樣才能讓政策的制定與實施，成為政黨政治施政的主軸，也才能建立權責相符的內閣政治。

七大軸線玩翹翹板，遍地烽火

二〇一六年政權又再度輪替之後，民進黨從政府到國會一條龍，可說是完全執政完全負責，其實與過去國民黨執政時並無不同，可視為政黨政治常態。國民黨好一段時間可以有作為而無作為，在關鍵時機該改革而不改，貽誤先機，因此被轉移政權也是應該的。民進黨政府以此為鑑，積極改革，但外界看起來有時是由國會、非政府團體、與名嘴發動，行政買單，不符政黨政治權責相符的原則，而且不免改過頭，造成社會動盪。改過頭的原因可能是不信任文官體系，不完全接受以權責政治精神治理國家，協調空間甚為有限，部會因此失能之故。

過去一年多發動的改革事項，可粗分為七大軸線再加兩個雜項。七大軸線包括：1.轉型正義（黨產清理為其中一項）；2.公教軍勞年金改革；3.司法改革；4.勞資爭議及改革（含一例一休）；5.效能與安全（核電與新能源替代）；6.社會與性別平權（如同婚立法）；7.國家定位（涉及九二共識與維持現狀之緊張關係）。雜項則為華航員工與國道收費員事件之處理，高教與教改在卓越及公平正義層面上之調整等。

有一次我與一位熟識的政務首長說，你應該知道現在政府部門內沒那麼多高手，可以同時玩好這麼多困難的翹翹板，你們當政務首長的，為什麼都沒有發揮一點剎車功能呢？他的回答很有趣，他說我同意你的觀點，但你不知道我們面對的壓力有多大！對話結束。其實這些改革與尋求共識，雖然困難，但還是可以量力而為做得更好才對，在我看來，最佳策略是先減半，接著找一群政府與民間的高手一起玩，喜歡玩又會玩，玩輸了不生氣。國會在政黨政治容許的範圍內先發動無妨，但由於他們想的可能以政黨理念為先，因此接著應讓政府行政專業部門來主導，這樣才能負起政治與政策責任。但很多政策事項之研訂，若屬部會固有職責，亦不能凌駕立法，否則要未參與規畫者全力實施，不只是強人所難，更屬權責不符，這樣的政黨政治一定會產生嚴重不良後果。

民主政治與政府運作最在意的是監督與制衡（check and balance），但其要點是每個部門有權有責做自己的事，才是監督與制衡存在的理由。政黨與政務人員在政權轉移後，責任之追究往往要回到權責機關，很難去追究當年非權責單位的幕後黑手，因此社會可以民粹，但公權力不應媚俗，媚俗之後若要追究事後責任，不可能去找不確定第三者的民粹，而是尋路找到媚俗的機關，能不慎乎！

從政黨爭議轉為階級爭議？

教育是國家政務的一環，上述的困境當然也會反映在全國教育事務上。尤其是當全國政務處理往民粹與媚俗傾斜，意識形態在強調分配正義時未加節制，往平均主義傾斜，這時很多事情的正規處置就先遭殃，高教是最早碰到的其中一環。二〇〇〇年第一次政權輪替後，我在政府部門先後負責過九二一震災災後重建與全國教育事務之推動，都是複雜至極之事。九二一就不說了，後來轉到教育部真是諸事都將引爆，那時林全笑說若不是這麼亂，也不會找你了，可見得爭議甚多，連一個國民教育的九年一貫課程，當時的資政黃昆輝都出來公開反對，連戰還拿來做總統競選攻打主軸之一；還有包括在二〇〇三至二〇〇四年總統大選期間，國民黨陣營針對一九九九與二〇〇〇年間大學急速變多一事，在連自己都沒搞清楚下，就發動荒謬的攻擊，後來我提醒國民黨智庫的楊朝祥前部長，才沒有繼續下去。但基本上，這些爭議大部分都還只是侷限在政黨與藍綠的攻防。

政黨攻防有時候是來自記憶失靈，以致發動巷戰後才知不對，人的記憶經常不可靠，也需要旁人提醒。如吳京在一次立法院由洪秀柱擔任主席的歷屆教育部長會議中坦承，從台南搭火車來參加這個會議時，想最近社會上何以如此猛烈攻擊建構式數學，後來終於想到原來是自己當部長時所推動的。政黨攻防大致上是會計算利弊得失的，發現情勢不對很快就會轉彎，所以縱有爭議也是可以從證據與利益的角度予以調解或改變，兩黨政治多少有這種好處。但另外一種信念之爭，就比較麻煩了。

時至今日（從二〇一二年開始明顯化），爭議的本質不變，著眼在經濟與就業情況不良下，勞工的福利及退休條件與軍公教及政務人員對比，顯不相稱；公立大學交的學費比私校低很多，偏偏就讀私校的以中下階層家庭子女居多，與美國顯有不同；在新職缺不足下傾向改採非正式的約聘方式，讓大學裡面的雙薪教師益形突出；當就業不良薪資偏低時，蛋頭們認為台灣若再不高薪延攬或留任高級人才，則諸事堪憂，但這種講法與心態，讓在人才金字塔底層的社會大眾憤憤不平。凡此種種，儼然是久違的階級爭議！與過去的政黨爭議相比，這種感覺更糟。這些問題與爭議過去幾十年間，尤其是在經濟情況不好時屢見不鮮，政府在第一線綜觀全局，問題在哪裡，解決方案就在哪裡，只要勇於面對，在台灣近代的歷史上沒有不成功的，但現在的台灣在面對該一困境時，要不然是一籌莫展有時還會猛加柴火，提不出實質與精神層面的解決方案，局勢看起來有點危險。

正需再踢臨門一腳時，反而蔓延高教虛無主義

近年台灣關切的熱門教育問題，一為十二年國教之實施與衍生的高中歷史課綱爭議，另一則為在國際競爭與少子化壓力下的高教問題。前者我已在很多地方表示過意見，現在專注在後者之討論。

追求卓越的一流大學頂大計畫（之後另加類似的典範科大）、提升教育品質的教卓計畫、與厚實大學治理的高教評鑑（包括校務與系所評鑑，這是國際流行作法），都是在首次政黨輪替執政後所規畫與推動的工作，好不容易在這十來年建立了品牌也知道努力方向之後，現在卻改為推動所謂的「台灣高教深耕計畫」，不再強調一流、研究型、卓越、與典範等字眼，

對高教評鑑與認證盡量淡化，在語言修辭上也做了很大改變。以前清楚的政策目標是要走出去與國際比高（Aim High），現在則是要往內圈加深（Aim Deep），在這種邏輯下的經費分配，已有明顯不同。但是，台灣高教已經不需要往上高飛了嗎？台灣高教現在應該是除弊與管制重於興利嗎？

我們的大學學術排名與國際表現，曾經在推動高教促進方案時領先過，但十來年過去了，中國崛起之後，還在為雙一流計畫運籌帷幄（在九八五與二一一的基礎上，推動一流大學與一流學科的雙一流計畫），想見後勢當更為強勁，台灣相形之下已很難相比，本應在若干優勢領域及項目上努力守住，卻反而在高教上退縮，主張要高教深耕，避談一流、卓越、典範、與評鑑，當國外高教人士問起台灣政府現在的高教促進方案時，回答起來有點尷尬，因為經費總額看起來並未減少，但卻偏向走打底分配往平均主義傾斜的模式，而非擇優對一流大學做重點補助。當台灣高教應該開始打世界杯與強調學術領導，以協助提升國家競爭力及能見度時，有能力扶植高教卓越表現的國家，卻在緊要關頭迴避這些問題，這是怎麼一回事？

沒能力沒人可以玩翹翹板之處，開了多條戰線；反而在人才濟濟的大學處，多方限制其發展，用政策、民粹、與質問來限縮其功能，用中小學的公平正義法則，來要求應以國際性及競爭力為主流思想的大學，這種邏輯實難以理解，也是一種高教虛無主義在蔓延的不祥徵兆。國際高教之基本作法，與中小學有很大不同，公平正義是不能違犯的消極性基本條件或稱保障基準，任何大學若有各類歧視發生，或違反一般認定的公平正義情事，則全民討伐之聲絕不手軟。但稍有辦學經驗的人都知道，真正重要的還是要往上發展，國內外聲譽、學術競爭力、教學及教育品質，絕對是要全力以赴的積極性作為，捨此就難以奢談要如何促進大學最主要的功能，也就是要培育社會上各行各業領導人才，以及提升國家競爭力了。

最近台灣的大學在各項世界排名表上下降不少，中國大陸則大有斬獲（見下附上海交通大學（ARWU）與英國《泰晤士報》高等教育（THE）兩個系統的世界大學排名；資料來源：徐媛曼教授）。這兩個世界大學排名系統之評估標準並不相同，不在此細論，大體上ARWU比較依賴研究成果之數據資料庫，THE則另考量大學聲望與其他教育相關因子，一般看世界大學排名要合併幾個系統一起看，才能看出較真實的面貌。中國從推動一流大學九八五計畫與高教二一一計畫之後，在十二五計畫與即將接續的十三五計畫中，是接連出手毫不遲疑，一直到現在的雙一流計畫（世界一流大學與一流學科）；另外則是大國效應，因為這些排名系統免不了有主觀評定，也不是全靠研究成績就可決定，少不了要有一定知名度，大國崛起後的光環效應，一點都不可忽視。這些事實反映的是國勢與企圖心，所營造出來的高教優勢，絕非僥倖得來。一流大學與國勢或國家企圖心關係密切，從過去二戰前維也納大學及柏林大學的風光，以及二戰後美國高教與現在中國高教的崛起，即可清楚看出，這是各行各業勃興以及企圖心旺盛之後的自然結果。

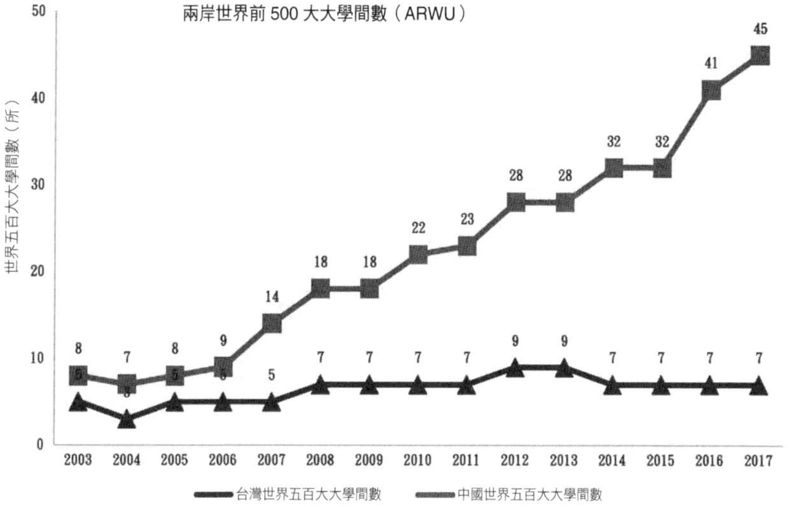

台灣是小國，要維持國際上的高教競爭力本來就非常不容易，勢必更要增加投資，原先資助的經費實無再下修的空間。推動十年的五年五百億一流大學計畫，只是勉強維持一個國際上的小局面，不能再斤斤計較，甚至一度還想停掉五年五百億計畫，實非一個力爭上游的國家所應做的。這是國際的歷史經驗，血淚斑斑。

以五年五百億的規模，在國際上最多只是讓大學落後少一點，這筆經費只占每年全國高教總經費的三十分之一，而且十年來一直緊縮減少，但結果應該說是CP值還不錯，這主要是因為我們的大學高懸目標血汗以赴所致。

高教促進措施與追求一流卓越，實施之後多少出現了底下幾個問題：有些學校被動或主動的穿制服，以致失去大學特色；競逐指標（如論文衡量、不當取得論文篇數等），追求排名，忘了教育本質，甚至產生作假情事；實施之後出現M

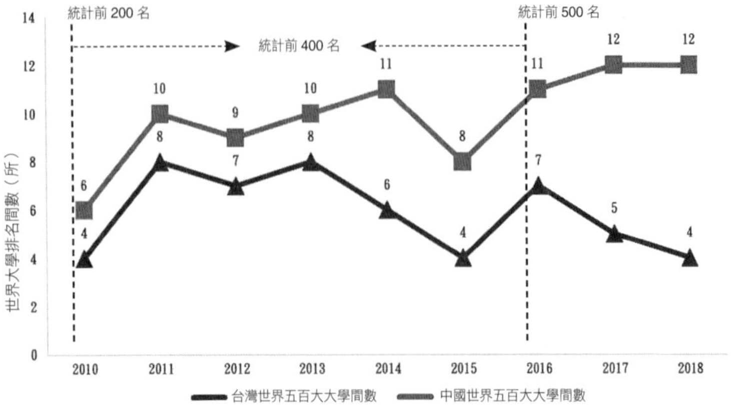

型大學；大學未能善盡社會責任，未能積極與社會、社區、及產業結合；有些系所評鑑形式化，無法提供實質幫助，反而打擊士氣；少子化下大學數目太多，稀釋資源，傷害教育品質；人才培育過程，未能改善學用落差。

其實上述這些問題大部分是久已存在，有些問題也不見得是全面性的事實，有些缺失的真正原因也不是那麼容易釐清，但總體而言的確須另設計有效方案因應，惟該做的事不做，卻將罪怪到高教促進方案，將追求一流卓越的精神打成平均化甚至平庸化，台灣最可怕對高教傷害最大的民粹與平均主義因此興起，這股趨勢到現在還無止歇的跡象。這種走向若繼續走下去，就會像倒洗澡水，卻不知道已經把小孩也倒掉了一樣。

當社會在不明瞭下產生諸多議論，大學需努力澄清，不能全丟給教育部處理，好像自己沒責任一般。另外，政府權責部門也不能人云亦云，跟著社會定見起鬨，應站在國家高度與國際比較架構上，規畫高教發展的大戰略與高教路徑圖（master plan and road map），讓一流大學有更大彈性，讓產業界多介入人才培育政策，以便在分工整合之下，推向更高的高度。

支援大學的方式很多，本就不限於五年五百億計畫，但若要拚國際一流大學，最好要有一個目標清楚的支援計畫，從國家施政來看，不能沒有這種雄心與企圖。拚國際一流大學是很昂貴的，以我們畏畏縮縮的投入，又怕有人在分配正義上做文章，則真要有一點效果，那就最多給個四、五間大學來拚國際一流，似乎是現狀之下的邏輯結論。若經費還是無法籌措又想攻堅國際一流大學，則可考慮實施真正有用的法人化措施，亦即讓國立大學不只是作為校地的善良管理人，更應能讓國有財產的審議機制，同意將校地撥交國立大學處分，經由該一處置可獲得大量的循環使用基金，在接受國家法令嚴密監督下，利用法人化與自主處分資產的機制，創造出龐大運作基金，若有違規違法，與公務機關一樣受同樣之監督與處分。如校地龐大的台大與成大，是百分百公共性之教研機構，與公務機關一樣，都是國家的一環，實在看不出有不能依此推動之理。

退而求其次，則是所謂給予彈性薪資的問題，但最近為因應高教年金改革而提出的玉山高薪獎勵計畫，甫一提出就充滿爭議，看起來高教的全面改善不是只有錢的問題。目前台灣高教面對的是優秀人才之攬才與留才問題，最嚴重的中長期問題是如何延攬具有國際競爭性的科學家，尤其是台灣出國留學後有卓越表現的年輕學者，要延攬這些人當然要有彈性薪資，至於如何留才已是事後的問題，最主要還是要在國家政策與校務基金上，有出手「攔截」的條件與勇氣。國內優秀學者與專家的留才問題，經常涉及「優秀」之定義，彈薪可考慮改採研究團隊方式發給，若皆由主持人代表領走，團隊中真正優秀的人才也會被挖走，留不住人，如此則與彈薪本意相違。

彈薪之獎勵不能只用過於單一的優秀指標，以免善意只落在資深教授身上，更重要的應是將這筆經費，好好用到未來十年會在台灣高教界扮演學術提振角色的年輕人身上。因此在制度設計上，應可分出不同類別，如長期總量、一定期限內之質量、近期特殊學術貢獻、獨立貢獻度等，若能在校內取得共識建立，則不只分配多元優秀，而且有助學校學術環境與自由自主學風之發揚。

有彈薪制度當然總比沒有好，免得平均主義太過盛行，平均主義若不知節制，絕對是平庸化的前奏。最根本的作法應該是大幅全面調薪，但由社會輿論可知這是不可能之事，而且批評者還會主張台灣教授的薪水若經購買力平價（PPP）之調整後，也還差強人意。但這種講法難以用在具有國際競爭力之年輕人與已有卓越成就者身上，這是高教的特性，亦即這些人才是具有國際市場價值的，國內好事者若常責以愛國心或要求相忍為國，有時會奏效，但並非長久之計。所以，這時推動彈薪是對付平均主義與血汗大學的一個暫時解毒劑（antidote），應該有助於學界留才。不過彈性薪資只是一個必要條件，尚稱不上充分條件，其他制度性設計與配套措施還很多，需一併考量。錢能解決的問題通常不是最大問題，我們高教的困境遠大於此！

當台灣還在瞻前顧後，平均主義仍在折磨人的時候，老共已經拋出對台三十一項「優惠」措施，很多項是針對台灣高教的優秀人才而來，包括申請人才與研究計畫獎勵項目，以及赴大陸任職的優惠條件，這些看在台灣中青年紀的大學教研人員眼中，究竟會具有多少吸引力，是應該好好研究並提出因應方案的，重點絕對不在防堵而在疏導，更要讓台灣高教界中的傑出人士，對台灣高教的現狀與未來產生信心。這些問題若不拿出來一一解決，我們日後要面對的，將是一個更沒希望的未來，還不只是高教一端而已。

大學為何而戰——兼論一中承諾書

台灣在過去，教育與社會文化結構一再被同一股強大力量攻擊，經常處於防衛狀態，事件中有相當部分的參與者從教育體系（尤以大學為主）內部出而突襲，大學兼負社會正義最後堡壘與提供社會觀念座標之燈塔的雙重功能，所以大學在當年因歷史的意外，有意識而且自主的充當了社會啟蒙者的角色。今日的大學則在追求學術卓越與多元發展上，確有長足進步，惟已不自覺的喪失其曾扮演過的正義堡壘與啟蒙燈塔之歷史性角色。

曾擔任華盛頓大學校長的特拉亨騰伯格（Stephen Trachtenberg）指出，「教育市場」是最近三十年才慢慢被接受的概念，企業概念下的大學（entrepreneurial university）重視經費之取得，並將學生當為「客戶」，大學所教愈來愈與外面社會接軌。美國高教的卓越國際表現，則是美國歷史演進及其政經發展的一個結果，尤其是在二十世紀時。因此回歸大學傳統（如研讀經典與傳統價值）或符應社會變遷（如知識經濟）之不同主張，皆不能不考量到下列事實：美國的高等教育在因應現代工業國家與當代自由民主體制之需求下，進行轉變，並已成為國際典範〔S. J. Trachtenberg (2002). *Reflections on higher education.* Westport, CT.: Oryx Press〕。他的意思很清楚，就是說某地的大學發展，若依美國之發展經驗，只要這個國家的政經體制與追求的價值，愈來愈像美國，則某地之大學應該是會從一向自詡的大學傳統，逐漸走向企業概念下的大學。看起來，台灣的政經發展與觀念，正逐漸將台灣的大學推往同樣的路上去。

現代台灣的大學因此在心中，都有一顆進退兩難的大巨蛋，究竟是要讓自己的大學維持古制，如過去的傳統台大，或者融入現實與世界潮流，成為重視KPI的企業型大學？教育部整天面對外部爭議，心中也有一顆特大號的大巨蛋，亦即高教經費雖然不可減少，但要不要再搞什麼五年五百億與大學評鑑？教育部在過去十幾年陸續推動學術卓越計畫（包括移轉到國科會辦理的卓越研究中心）、七所研究型大學、一流大學五年五百億計畫（第一期是特別預算，第二期規模下修並改為常規預算）、教學卓越計畫、大學評鑑（包括校務與系所）、與典範科技大學等作法，一直在各方面找平衡點，究竟應該強調研究計畫、研究中心、系所單位、或者整個大學？這十幾年來，這些標準經常是浮動的，因為審議委員組成的不同，就有不同強調面，因此不易形成具有一致性的大戰略。其實作為全國最高教育事務主管機關，教育部的基本立場當然是整個大學與人才培育，這個基本方針一確立，上述問題就可迎刃而解，在此架構下，審議委員的不同觀點才會有一致性的評斷基準。

大學要戰鬥的還不只這些心結，它們最近碰到了一中承諾書的糾紛。前一陣子搞得很熱鬧的大學一中承諾書事件，立法院與教育部都忍不住出來痛批，好幾間大學看起來是問題重重，連台大也被牽連在裡面。台大不得已出示其國際事務處二〇一六年八月十六日擬具的「聲明書」，內容為：「本校向來秉持自由學風之原則，對於所有來校交換／訪問之學生，皆以此原則來推動學術之交流。貴校學生來訪台大研修期間，本校仍應遵循此一原則於接待系所選讀課程暨從事學術交流相關活動。兩岸近年交流密集，暢通無礙，本校特此重申辦學原則並誠摯歡迎貴校學生來訪之意。特此聲明。國立台灣大學國際事務處敬啟」。台大這種聲明的內容哪會有什麼嚴重問題，當初被掃到大概是因為沒人看到內容吧。不過台大有沒有必要去特別寫一個這種應對方要求的聲明，則是可再討論之事。

依我看，其實這是兩件事。大學應對方要求寫承諾書或聲明書說不在校園內部談政治問題，非常不妥當，應重新檢討，認錯就是。至於應對方要求，完全失去判斷力，寫得更過火說不談一中一台的學校，雖然是極少數，但已超越社會可以接受的底線。另外更重要的，大學是國家的核心機構，不應被隨便亂戴紅帽子！這是一件嚴重至極的事情，大學豈可不起而抗議。教育部更不宜太快對立委與上面表態，至少應先找大學來開個會，一起做出共識，不要讓外界與老共處處見縫插針。這些後果其實是當前社會的不信任感與過度敏感，反映在教育上面所得之結果，不能全怪教育部，但該做之危機處理還是要進行，以免大學因之分裂，社會充滿誤解。

高教危機的結構性因素

台灣的教育結構與功能非常特殊，是歐洲身美國頭。以教育人員規定六十五歲退休的制度、大學的醫學與法學專業教育收高中畢業生為例，台灣的大學基本上是以歐日為模式所建立出來的；但美國元素愈來愈多，教師規範與課程要求大體上皆以美式為依歸，大學內部所做的改革基本上追隨美國路線，如希望多採學士後醫學與法學教育，但與社會家庭已習慣的升學取才方式，常有嚴重爭議，不易推動。另外在教師延任與退休上，也有緊張關係，出身美系者認為美國並無強迫退休之事（美國係國際上極為少數的例外），因此在退休觀念及操作上，與當前教育體制之運作常有格格不入之處。這種因為身與頭來源不同，而經常不同調的情事甚多，帶來諸多困擾，應想辦法改進，至於要改往哪一個方向，則應取決於社會共識，我並無特別意見。

另外，台灣與國際同級一流大學的經費支出，只有歐美日的一半到三分之一，全國中央高教經費不到九百億，三級教育（tertiary education）公私部門共有一四二間大學（不含軍警校院及空中大學），與十幾間專科。台灣整個三級教育支出占二．一％GDP，約三千億，所以就單價而言，台灣高教可說是小成本大製作的血汗大學。台灣已經是一個右派社會的市場經濟體，但在教育與醫療上有清楚的左派理想，惟無左派措施（稅賦占GDP比不到一三％）。社會上不免民粹，公權力經常媚俗，高教虛無主義開始流行。上述這些問題都是長期發展演變出來的，可稱為「大學在危機之中」，底下再更仔細說明三個與結構比較有關的例子：

1. 生源不足與大學數目過多的結構性問題。這是一個已經討論很久，但沒看到什麼有效作法的問題，我在《大學的教養與反叛》（二〇一四，印刻）一書，與本書〈李遠哲與台灣〉及其他文章中，已多所論述，不再贅言。幾個要點大概是，大學生源不足從二〇一六年開始產生嚴重影響，一直要發威十二年，因為淨在學率已超過七〇％，大學容量可說已經過度飽和，台灣有限的政府高教經費根本不足以支應。若所有條件不變，十來年之後，依生源減少的趨勢觀之，理論上約有三分之一的大學需要轉型或退場，但需要因應這個高教大結構問題，以及處理私校轉型退場的特別條例，仍然尚無動靜或還在爭議之中，我經常以台灣的「防災不力，救災內行」，來說明真到那一天火燒屁股，也許就可以立法處理了，否則以現在流行的素樸與狹隘之公平正義觀點，是不可能讓「捐資興學」這一點打折扣的，同時也很難說服社會同意，仿照政府過去拿出大筆錢幫銀行打銷壞帳的作法，設立類似的教育重建基金（RTC）。

2. 國立大學與研究院（包括台大與中研院）是標準的歐洲身美國頭，甚至是社會主義身資本主義頭，若不把身與頭調成一致，是會經常出問題的！問題如下：（1）在退休上，台灣必須靠例外修法，否則在既有退休制度的精神上，是沒有人在七十歲之後，還可以在正規薪資表上付全職全薪的，除非靠附設單位的顧問支薪或捐款來付。但總有美國頭會說美國沒有退休的呀，所以就不自覺弄出一些不符法律精神的專任特例，這是很不好的，應該趕快修法來滿足該一需求。（2）專任教師在推動產學上任雙職與入股。過去大學建築系教授兼開建築師事務所，或大學醫學院教授晚上開診所，都被禁止至今。現在因推動產學合作，讓教授在專任之餘還可選擇技術入股、出任董事、在公司任職、甚至開公司，聽起來都是呼應現代需求之方案，但還是要整體在法理上做解套，才能找回正當性。（3）教育學術機構可以經營生技或其他科學園區。這是一個更複雜的問題，若大學可經營民間公司或園區，自負盈虧，賺了沒關係，但若虧了，公私立大學應如何負責？另外更麻煩的，假如中研院可經營國家的南港生物科技園區，台大當然更有資格經營更大的國家科學園區，此時所指的是國家園區，而非自負盈虧的民間公司！這時若在經營上需做究責之時，依法令應由誰來負責？一個教育或學術機構，能負什麼產業發展與行政決策的責任？台灣能夠容許這種權責不符的授權嗎？

類似這些問題，法令與實際需求不符，讓人經常走在違法邊緣的現象，其實早在私校法與私校實際經營之不一致上出現，那就是同樣的「社會主義身資本主義頭」。《私校法》規定是捐資興學，主張的是「學校有公私之分，教育無公私之別」，捐款並非表示要進來辦學，更非要想辦法營利，因此台灣想要建立的私校傳統是強調其公共性，私校應是非營利具公共性的財團法人，而非營利公司，亦即私校可以賺錢但不能分配盈餘，所以在此認識上，私校也可以申請政府經費之獎補助。但是台灣數十年來，除了宗教、大企業辦學或正牌老私校之外，有些私校把它們辦成「投資辦學」，違反了捐資興學的本意，甚至發生買賣董事席次、財務糾紛、董事會不當介入校務等情事，迄無有效之總體解決方案。這是台灣過去長久以來，立法從嚴執法從寬的範例，以前還可依有限個案逐一處理，但縱使如此，仍有很多難以擺平的法律糾紛，各級行政法院也有不同的法律見解。現在少子化生源壓力節節進逼，有困難的私校已非一間一家，情勢是愈來愈嚴峻了。

3. 台灣在擘畫國家的高教藍圖上，尚未能展現出強而有力的主規畫（Master Plan）。過去十來年已實施的頂尖大學與教學卓越計畫，以及晚近典範科技大學及技職再造之調整，遲遲尚未形塑出往前強力滾動之共識，大學的總體發展與前瞻規畫，因此失去可以遵循的依據！二〇一七年一月全國大學校長會議提出，在全世界進展如此快速，高教競爭如此激烈之時，遲到一年所代表的，可能是一整個世代競爭力的流失。台灣高教已經落入被邊緣化的困境之中，而且速度愈來愈快。我們與國際上同級大學在年度支出比較上，已經不到一半，甚至只及其三分之一。舉幾個亞洲的例子為例，東京大學與香港中文大學年度平均學生培育成本，約是本國頂尖大學的三至五倍；中國大陸清華與北京大學兩校年度經費，各約在台幣六百至八百億以上，已接近甚至超過本國中央政府年度高教總金額（約八百多億）；台灣全球化後大學招生日趨國際化，本國優秀高中畢業生赴國外甚至中國大陸求學者已愈來愈多。凡此種種令人怵目驚心，必須謹慎因應。

教育政策制定與執行之權責相符問題

台灣的教育大家都想介入，因為每個人都覺得與自己有關，這是全球現象，也不是只有在台灣難搞而已。在此只舉台灣高教政策制定與執行之權責相符問題，做一說明，以呼應本文主題「負責任的政治：當前教育問題與高教困境」：

1. 台灣高教的演進，從政策工具之使用來做分析，至少有規畫、實質政策與綱要計畫之制定、以及執行之行動計畫與最終所獲成效等層面。若完全以原先最早之規畫報告書，作為討論台灣高教改革與治理之依據，其實未能成比例的反映台灣高教治理之全貌。如一九九六年行政院教改會所提出的《教改總諮議報告書》，縱使後來另外規畫了「教改行動方案」作為推動之依據，但總體而言，《教改總諮議報告書》內容真正被執行的比例恐怕不到二〇%。另外，二〇一三年所規畫之《人才培育白皮書》，迄今已歷四年，仍未有細部計畫與法令修訂，形同擱置。台灣教育政策之制定與實施，經常有類似之變動及修正或擱置，若未能了解該一分際做全面考量，則差以毫釐謬以千里。

2. 台灣高教之推動往往有歷史脈絡在，須做全面評估。如「世界一流大學計畫」（五年五百億），乃係於二〇〇三年開始由國內外具一流大學治理經驗之學者專家參與規畫，二〇〇四年納入五年五千億特別預算中作為旗艦計畫，並於二〇〇五年核定實施。再往前推。之前則有教育部於一九九九年起，推動「教改行動方案」所規畫之學術卓越計畫一百億，後將剩餘款三十億，交由國科會推動卓越研究中心計畫；二〇〇二年則經審議擇選補助七所研究型大學。因此若要回顧評估過去高教卓越化之成果或究責，就必須將整個相關歷史與實施概況納入，方得其平。

3. 有人問說為什麼從二〇〇六年就明文主張，應發展各具特色的高等教育學府，何以至今都往綜合大學擠？這就是問題所在，因為後來在實質審議時，審議委員弄出來的審議指標不符原先之規範。簡言之，這是兩群人分別在做同樣一件事的規畫與審議，所造成的後果，表面上看起來教育部是球員不兼做裁判，符合迴避原則，但實際上則事與願違，究責起來相當麻煩。

4. 以上所述是原來可能沒問題，具有因應需求有清楚政策意涵，且經專業審議取得共識下的規畫，但因為沒被按表操課，造成事與願違的結果。另外還有一種是剛開始就覺得不妥的規畫，文官系統與政策推動機制沒有做調整，所得到的不利後果。以前我曾問部裡文官，你們應該知道九年一貫課程有些邏輯與內容是不可行不該做的，怎麼會搞成這樣，不在事前擋下來？他們說委員們凶得很，只好投降。我說現在出事了，他們都躲起來，還不是你們文官要負責，現在趕快修改，下次不能這樣。看起來歷史一直在重演。

這兩類實例的責任追究，真的不是一件容易的事，最重要的還是要慎始慎終，不要搞到追究責任時也找不到元凶，但傷害已經造成。

5. 上面反映的就是政策制定與執行的後果如何追究，權責是否相符的問題。這件事常常變成歷史公案，因此要慎始慎終，做任何事都要找到能夠負責的人來做決定，這是政務與文官領導的ABC，作為全國教育事務最高主管機關的教育部，與最高負責人的教育部長都要有所體會，要知道以後教育事務出了什麼問題，回過頭來是要政策機關與當時首長負責的。在這過程中想插手的人，也要掂掂斤兩，看看自己是否能在日後負起責任？在我看來，立院黨團、行政院、外界團體與委員要介入，並無不可，但應正式在教育部內彙總，經過審議程序形成政策，這樣教育部就知道這件事最後是由權責相符的機關來負責的，既非政黨、政委、立委、黨團顧問、外界委員，亦非民間的訴求與主張能夠負責的。假如教育部覺得不能這樣做，到時也負不起這個責任，那就不要做，這也是法令上所訂「全國教育事務最高主管機關」之意，也是為求一個權責相符（意即若出事，要能找到正確的負責人）之作法。民主法治國家的基本原則就是，讓日後需負責能負責的機構主導決策，讓決策者負責日後可能衍生的責任，這也是為何要有龐大文官體系的主旨。部會在政黨政治輪番上陣下，實在沒必要把自己做小了，唯有如此，才能有效領導全國各級教育界，一起將士用命。

結語

台灣高教發展至今，雖然表現卓越但也問題重重，一為今後十年要面對的嚴重生源短缺，一定比例大學必須轉型或退場的生存問題；另一則為台灣高教面對國際競爭，必須朝向卓越及特色發展，並協助國家提升競爭力的問題，必須深入其中尋找解套之方。也就是說，一般大學面臨的是尋找生源與強化大學治理的問題，一流大學面對的則是打高教世界盃以及發揮學術領導的問題。從這兩類大學的長期互動過程中，我們可以看出一條清楚的軌跡，台灣高教是從主張垂直流動的高教公平正義觀，發展特色呼應時代變化（包括科技與民主），走向競爭型的促進計畫，接著是為調整過度向研究傾斜的教學卓越計畫，接著一般大學開始全面實施校務與系所評鑑以及校務研究（QA與IR）。這是一個「入學公平與分配正義→研究→教學→教育→大學全面治理」的走向，同時，這也是一種典型的台灣「面對外在壓力（國際高教）→內在壓力（學生為大學主體、高教少子化逼近）→回歸教育本質→大學本位治理」之因應模式。

從這個發展過程看來，學術卓越、教育品質、與公平正義三者，本就不應脫鉤，以形構出台灣高教發展的品質與特色。而在高教總體計畫與國家目標之下，一路走一路修的動態調整，本就是常態。教育部可以先訂符合國際性之具體目標，做後端的績效評估，作為經費分配之參考，以免從源頭切入管制時，被批評是在干涉大學自主。

讓台灣高教走完走好演化軌跡並有效建立各種治理模式，讓應緊密結合的學術卓越、教育品質、與公平正義三者，能在此基礎上做動態的滾動修正，這才是台灣高教界一直期盼，要建立具有國際競爭力之全國高教主規畫的本意。

看高教談評鑑

我因為在二〇一四年八月接任高教評鑑中心基金會董事長，因此被同仁要求寫幾篇有關與高教評鑑及QA有關的議題，刊登在基金會的機關刊物《評鑑》雙月刊上。後來又在二〇一六年初籌組「台灣校務研究專業協會」，擔任創會會長，協會在二〇一七年六月，以Taiwan-AIR名義，加入已有五十幾年歷史的美國校務研究學會（AIR），作為聯盟組織，因此也寫了一些有關校務研究（Institutional Research, IR）的文章。底下選輯幾篇在這段期間依序發表的文章，以及最近一篇二〇一七年九月刊登的採訪稿，輯錄在此藉供參考。

第一篇　大學世界排名的背後

大學千年來一向以作為紛亂時代與社會的堡壘及燈塔自許，大部分時間是高高在上，而且領導風潮，現在卻在短短十來年間被捲入，競相掉入世界排名的泥巴戰中，什麼堡壘什麼燈塔什麼領導風潮，全部委於泥塗之中，真是擾亂一池春水！從歷史上來看，我們這一代辦學之人大概難以交代。

高教產業化大學排名勢不可擋

本來在美國與英國，都有其國內大學依各項分類指標所做的排名，目的是給學生做選校就讀之參考，但一向無全球排名。很多人說上海交大的一小群人是始作俑者，在二〇〇二／二〇〇三年推出大學世界排名，但既已發生，其勢不可擋，大概也是到了全球高教愈來愈產業化，國際競爭愈來愈激烈，想要一決勝負賺取大學或國家利益的時候，倒也不能全怪排名系統的介入，它大不了只是不當闖進的打手之一而已。

目前全球大概已有二十餘種大學世界排名系統，大家各取所需，商業色彩也愈來愈濃。歐洲研究型大學聯盟在二〇〇二年我到荷蘭時，萊登大學（Leiden University）校長告訴我才加入十二所，包括牛津、劍橋在內。等我再次於二〇〇八年到烏特勒支大學（Utrecht University）開會時，已經增至二十二所，而且會場的OECD（經濟合作暨發展組織）與

UNESCO代表及大學校長們，好像已經很習慣在講排名問題，當然，間有譴責之聲。可以說，美國因為世界前一百名大學，有八十來所都在他們家，有錢人公開是不談小錢不談排名的！歐洲國家則不能免俗，中國講得也很厲害。倒是日本不太聽他們講起，這是一個對榮譽的嚴肅性有體會的大學群。台灣的態度比較隨便，也沒有一定觀點，有時支持有時反對，看狀況而定。

一流大學數量與排名反映國勢興衰

最近台灣的大學在QS與Times的排名降了不少，中國大陸大有斬獲，記者問起，我的答案很簡單：中國從二一一與九八五之後，在十二五計畫與即將接續的十三五計畫是接連出手，毫不遲疑；另外則是大國效應，因為這些排名系統免不了有主觀評定，也不是全靠研究成績就可決定，少不了要「哈啦哈啦」，還要有一定知名度，大國崛起後的光環效應，一點都不可忽視。這些反映的是國勢與企圖心，所營造出來的，絕非僥倖得來。一流大學與國勢或者國家企圖心關係密切，從過去二戰前維也納大學與柏林大學的風光，以及二戰後美國高教與現在中國高教的崛起，即可清楚看出，這是各行各業勃興以及企圖心旺盛之後的自然結果。

台灣又如何？過去十來年推動研究型大學與五年五百億計畫，雖落後國際大趨勢約達五年，但基本上已有正確起步，後來又為了矯正太過向研究傾斜的問題，弄了一個成效良好的教學卓越計畫。每年總共花多少錢？剛開始合起來大約一百五十億，但正面臨打七折或更多的刪減中。這筆錢約占高教政府經費（約一％GDP；私部門高教經費再加個一．一％GDP）的十分之一不到，以本益比來講，當然划得來，再加上它們帶動了競爭機制與相關的評鑑及大學治理效能，對讓台灣的大學多幾間擠進世界五百大，可謂貢獻良多。

勿再齊吃大鍋飯　一流大學衝衝衝！

但是，台灣面對的另一個生存問題「少子化與生源減少」，嚴重干擾了我們對追求大學卓越的判斷與行動。積極面對與處理有困難大學的生存及轉型問題，重要得不得了，但如何協助正在國際前沿奮鬥之大學追求卓越，以及促進國家高教競爭力，一樣重要得不得了，兩者皆不可偏廢。若將兩者做不當連接，攪和在一起，大家一起來吃大鍋飯，要大家共體時艱，採用同樣標準，其結果就是一起受害。我們不能對一流大學做這類不合理要求，他們最要做的就是：衝衝衝！配套措施就是要協助他們做得更好，其中一個當然是不能缺子彈與進行嚴格的評估。

考量台灣需要全力支援在國際做全面競爭的大學，大概最多也只能弄個十間五間以內，決定了之後就不要再瞻前顧後，再來吃大鍋飯。大鍋飯有大鍋飯的吃法，台灣是經驗豐富，現在要讓一些人在國際上爭光，最好是讓他們多吃點營養品才對，但不能搞太多間，差距拉大後選入，大家才不會計較。這個原則確定後，就可以知道整天在盤算要如何刪減五年五百億的經費，是一件多愚蠢的事。當國際都在想辦法往前衝的時候，我們若莫名其妙的拚命扯後腿，不知道在這方面設定國家願景，或者別人一罵就自動縮手，十年之後一定後悔來不及。

大學法人化　處分校地作為辦學基金

假如瞻前顧後還是拿不定主意，另有一招。大學卓越化的呼聲在大學普遍人人自危的生存危機下，仍會是國家的重要標的，但政府的決心（與資源）又不足以破例支撐幾所高水準可在國際上一爭長短的國立大學時，根本之計還在於讓它們真正的法人化，就像美國出名的州立大學一樣。革命性作法的本質，與私校日後須解套的校地校舍問題是一樣的，亦即讓國立大學不只作為校地的善良管理人，更應能讓國有財產的審議機制，同意將校地撥交國立大學處分，經由這種處置可獲得大量的循環使用基金，在接受國家法令嚴密監督下，一路往前衝。

以台大為例，若採如此作法，在經由校地校舍自主處理後所獲得的大筆經費挹注下，及所設定的國家目標下，不無可能在二十年內（也許更快），憑自己實力（而非靠大國的光環效應），一舉擠入世界前五十大的水準。國有財產怎麼可以撥給台大自由處分？為什麼不能？台大也是國家公部門之一環，犯了錯同樣受國家法令處置，跟政府又有什麼兩樣？唯一需要打破心結的，大概是為什麼要讓台大變成特區，為什麼台大的土地（占有台灣本島面積的千分之五以上）處分後之收益，不讓全民共享而歸台大？尤其是假若台大在犯錯之後不知檢討不知反省的例子也不少時，為什麼大家要放心將國有財產讓他們隨便處置？這些問題若不拿出來一一解決，我們日後要面對的，將是一個更沒希望的未來，而不只是高教一端而已。

後記

本文在《高教評鑑》雙月刊發表後，被引用時如所預測，限縮在「考量台灣需要全力支援在國際作全面競爭的大學，大概最多也只能弄個十間五間以內，決定了之後就不要再瞻前顧後，再來吃大鍋飯」這一段，而且特別強調在最多五間與大鍋飯這兩件事上。台灣新聞界的通病是，不管你原來的主旨是什麼，先弄個勁爆的題目要緊，這一點先不管它。比較有趣的是大學校長們的反應。台灣的五年五百億計畫，當年在我們手上規畫，走的是特別預算路線，後來轉成一般預算後愈減愈少，十年來確實收效良好，但在國際巨大投資於高教，中國大陸更是卯足全力之下，我們反而是經費愈來愈少，已經不到原先的七成，但支援的間數大體上是一間也不少，甚至還加上一些研究中心。支援大學的方式很多，本就不限於五年五百億計畫，但若要拚國際一流大學，最好要有一個目標清楚的支援計畫，從國家施政來看，不能沒有這種雄心與企圖。但要拚國際一流大學是很昂貴的，以我們畏畏縮縮的投入，真要有一點效果，給個五間最多十間大學，似乎是現狀之下的邏輯結論。要調整這個結論的方法，就是我在文中提出的幾個評論與建議，總歸一句，就是擴大經費來源，才有盤旋向上的空間，那時再來看看真正能夠有效支持幾間。大學校長們依此原則順藤摸瓜，應該會得到與我類似的結論才對，然後去說服主管機關、立法機構、與社會百姓，大家一起來支持大學往上提升，讓多幾間大學參與國際高教競爭，從而真正提升國家競爭力，而非只是關心若間數減少，萬一沒再選到我們這一間，那我們過去的努力豈非白費？台灣過去在困難但仍有希望的年代，大學校長一向扮演重要的角色，現在依然，大學校長們還要踏出很多關鍵的第一步！

第二篇　大學颳起產學風，往好處想

近年來大學再度吹起產學風，應該是很多因素造成的。過去大學參與產學合作，早有小產學（國科會）與大產學（經濟部技術處），成功大學更首創研究總中心之運作方式。大學與產學研究群雖然熱中爭取計畫，但是總體而言，大學並沒有將這些事情列為優先，在升等時亦未流行將專利、技轉金、與計畫總金額，當作優先考量的項目。至於產學合作的教育效果與對人才培育的貢獻，也未有系統性的評估。可以這樣說，大學很願意爭取產學計畫，但一直沒將它視為大學的重要發展方向。

最近大學的產學合作蔚為風潮，教育部在政策上積極推動，科技部也主張應該多做一些與台灣社會及產業相關的應用研究，其理由大約是：1.大學生源馬上要受到少子化的嚴重撞擊，不只中後段班有生存問題，前段班也有發展資源不足的問題，五年五百億與教卓計畫不知還能再撐多久，政府部門想節流而且法律義務性支出占比太大，大學再不開拓財源，可能不知何時會被塞死活眼。2.大學畢業生人數因高淨在學率之故而增加，但台灣很多中小企業外移，本地就業市場其實已有很大限縮，在台灣的企業不願像以前一樣多給職前訓練，喊出學用有落差，把大學打得頭昏眼花。3.技職體系開始恢復活力，逐漸獲得學生、家長、與企業的喜愛，暴露出一般大學玩論文遊戲玩過頭了，有些人甚至將科技大學荒廢技術與應用研究本務，也玩起論文遊戲這件事，怪到教育部的評鑑政策，與一般大學的這股風氣上，所以逼得教育部最近全力推動典範科技大學與技職教育再造方案，一方面真正來找出彌補學用落差的作法，另一方面也有自清之意。

但是大學對這件事也不是全無反對的聲音。有些講究大學理念與主張大學應發揮傳統角色的理想主義者，很不能適應這股產學風，因為它已經不只是計畫與錢的問題，而是牽涉到明確擺出來的價值觀問題。對他們而言，以前大學也做產學，但是屬於比較輔助性的角色，但現在則有點喧賓奪主要當領頭羊的樣子。

這樣一段發展，讓我想起在二〇〇四年四月到華盛頓DC時，因為程建人大使的安排，得以認識當時喬治華盛頓大學校長特拉亨騰伯格，之後他送我一本在二〇〇二年出版的演講文集 *Reflections on Higher Education*，裡面有一些觀點，滿適合用來看台灣的大學與產學合作。他對美國當代高等教育有四點看法：1.教育市場（以市場與供需當為分析基礎）的概念，在最近三十年才慢慢被接受，所以才有競爭與效能之說法。社會課責（social accountability）則是更晚近的主張。2.企業概念下的大學（entrepreneurial university）重視經費之取得，並將學生當作「客戶」，教員與行政人員愈來愈相像，大學所教的愈來愈與外面社會接軌。3.美國高教的卓越國際表現，是美國歷史演進（及其政經發展）的一個結果，尤其是在二十世紀時。4.回歸大學傳統（如研讀經典與傳統價值）或符應社會變遷（如知識經濟與社會不正義）之不同主張，皆不能不考量到下列事實：美國的高等教育在因應現代工業國家與現代自由民主體制之需求下，進行轉變，並已成為國際典範。

援用該一主張，我們也許也可以說，台灣的大學其實與國際的走向日趨一致，大學功能已從傳統型逐漸轉向企業型大學，與重視績效及功績；但台灣的高教其實是美國頭歐洲身，有很長久的公平正義觀的淵源，雖然日趨講究多元卓越，但仍不忘傳統角色的制衡，所以又開始強調以學生為本（student-based）與社會課責（social accountability）。台灣的公私立大學在此有很多不同的組合類型。

我對產業與大學之間應該存有的關係，則是比較寬鬆的。我一直認為台灣的產業總體規模遠遠超過大學，而且大學培育的人才很多是為產業所用，假若產業能進來幫助大學，可能相當有助於替目前大學的困境解套，底下是其中三項：1.在少子化嚴重影響大學生源下，教育部正在研擬有關的暫行條例，希望能替校地與校舍之處理解套，假如能讓產業界進入轉手經營其企業之人才培育與員工訓練，則以本國產業規模之大及其需求，應有很多空間可以折衝。2.產學合作方式甚為多元，包括到學校合設實驗室、做產學研究計畫、到產業界動手做等，大學與產業宜評估各種方式之教育效果，並研議縮短學用落差之最佳方式。3.教育政策與教育內容，應有產業界的聲音，產業界應有發言權並積極介入，一起與教育部及大學共同研議，才不會學用失焦，但要小心不能喧賓奪主，以免大學自主與學術自由受到傷害，這一點應不難做到。

也許，我們真的應該正面來看待目前大學所颳的產學風。

第三篇　高教評鑑的源頭與轉型

高教評鑑中心（HEEACT）一晃就是十年，很多人一直問說當年是怎麼成立的，當時是如何界定其角色的？我是十幾年前的當事人，看到有些人說高教評鑑中心，是因為二〇〇五年十二月大學法修訂了第五條第二項，明定教育部有評鑑大學與公布之責，且可做行政處分與分配經費之參考，所以給了 HEEACT 成立的法源。其實不是這樣的，在二〇〇二至二〇〇四年間，就已經有技職校院等第制的評鑑在前，對技職校院的發展甚有幫助。我們到日本與英國時，順道參訪他們的高教評鑑機構，之後在台北召開國際研討會，反覆釐清評鑑、認可、與 QA 的各種作法，我還親自做簡報。更重要的我們發現一般高教（相對於技職），真的是沒有什麼像樣的評鑑方式，如先進國家一般，而且也認為應該建立行政與評鑑分離制度，以免球員兼裁判，因此就委託研究，得出宜在部外建立具有政策功能，又能獨立運作之評鑑機構的結論，並開始編列預算予以推動，並請幾個大學協進會共同參與。所以 HEEACT 的規畫在先，大學法的修訂在後，縱使大學法沒修第五條第二項，大學評鑑也是要做的，所以在 HEEACT 尚未於二〇〇五年十二月成立之前，教育部即已委託台評會完成第一次各類型大學的校務評鑑工作，我那時就負責了第一組大學（主要為研究型大學）的評鑑，當時我還特別請託好幾位在學界具有良好聲名，且處事中立的前輩參與。HEEACT 成立之後，當然就將一般高教的評鑑業務，回歸到高教評鑑中心，因為該一中心在政策上，本來就是設計用來執行這項功能的。

HEEACT 雖然有其政策功能，但在評鑑準則設定、評鑑人員選取、與實際評鑑業務之執行上，卻應該是具有專業獨立性的，這兩者並行而不悖，但卻缺一不可。只想滿足政策功能，就可能傷害專業獨立性；只知專業獨立性，就忘了是為何而戰。其實目標只有一個，就是協助大學得以提升品質，發揚大學應有之功能與應具備之角色，只有專業與政策得以兼顧時，這個目標才有可能達成，這是當初設計成立 HEEACT 的本意。

從這個觀點來看，就知道所謂轉型，一定是要沿著政策功能與專業獨立，並履現提升我國高等教育品質這個大目標，才是可以接受的轉型，我們還有很長的時間，可以繼續討論找出良好的方案。

第四篇　高教評鑑的改革與未來

有人問說高教評鑑有一陣子吵吵嚷嚷爭議不休，究竟高教評鑑是另一顆大巨蛋，還是茶壺裡的風暴？我說兩種說法都不對，而且引喻失義，不足為訓。大巨蛋是不可承受的重，再怎麼也輪不到高教評鑑；又，高教評鑑是一件重要的大學公共事務，怎麼可能只是茶壺裡的風暴！趁此機會在大家還關心的時候，看看高教評鑑的變與不變，以及它的未來。

校務與系所評鑑之必要性

二〇〇五年十二月大學法修訂了第五條第二項，明定教育部有評鑑大學與公布之責（依立法精神，這裡指的應是校務評鑑）；當時還規定可做行政處分與分配經費之參考，現在已修法取消這一部分。啟動總體高教評鑑的本意，應該要放在這十來年的國際高教競爭、國際高教普遍之認可與評鑑作法、監督國內大學教學與教育品質、以及提升大學治理效能這些考量上。若專就系所評鑑而論，則在二〇〇二至二〇〇四年間，就已經有技職校院等第制的評鑑在前，對技職校院的發展甚有幫助，現在的一般大學系所評鑑已逐步讓大學自辦，但最後仍須經過認可程序。國際上也很重視這類的系所學程評鑑，因為除了涉及辦學品質之外，還涉及國際承認的需要。台灣前不久才與馬來西亞經過兩方部會協議，讓兩地之高教評鑑機構在認可後，互相承認雙方的畢業資格，這對僑生教育是極為重要的權益保障；現在包括美國在內的國家，已開始規定各國醫學院畢業生要來實習或執業，必須經過當地具公信力認可機構之醫學院認證通過。由此看來系所學程之認可雖非法令之嚴格規定，但在國際流動之需求上卻是必要措施，今後若積極推動新南向的教育政策，則面對這類問題需要多方互相承認的情況，將更為普遍，必須先未雨綢繆。

大學分類與特色評鑑

很多人認為高教評鑑不應手中只有一把無法伸縮的尺，如藝術大學、教育類大學、技職類大學、宗教性質大學或學院、綜合性大學（可再區分出研究型與一般），各有不同規模與特色，宜盡速發展出不同的評鑑方式，並由當事學校自行自主選擇。一把尺不應用來量遍所有類型的學校，已是共識，但如何盡速提出可行的實施方案，才是要點。除了上述的分類外，還可再考量下述之例：台灣有三大類學校宜採不同評鑑與認可指標，一類是十來所應該仿各國之例，在國際上發光發熱的大學；一類是需要轉型或退場，需要協助與輔導的大學；另一類則是介於中間，更多需要力爭上游的大學。對這三類的高教輔助措施顯然不同，應在分類分級的現實上，研擬不同之適用指標，以便對這三類大學提供可參考之評鑑與協助資料。

評鑑之哲學是輔導或評定優劣

有人說現在大學面對少子化壓力之際，最需要的不是在一邊說三道四品評優劣，而是要心存善意想辦法幫助大學，以有效輔導大學救亡圖存，活出一片天，若要轉軌也應輔導轉型才是。一間學校的體質與辦學效能，是認可與評鑑能在此基礎上大展身手之處，它們無法讓學校無中生有，但聰明的辦學者卻可以好好利用該一機制，增益其所不能，在安全中看出危機，在危機之中看出機會。評鑑與認可的機制，除了中立客觀的就學校做品質保證（Quality Assurance, QA）評估外，也可想想看如何兼顧輔導的角色功能，這兩者的角色有點衝突，不過若大家覺得應該兼顧，可以再多研議。

程序與評鑑項目簡化以及慎選評鑑委員

台灣醫學中心的評鑑，項目比現在已經大量簡化的高教評鑑更為驚人，有時高達六百多項，對已經很血汗的醫院來講是雪上加霜，也偶被批評為太過形式化、做資料、勞師動眾，但一般而言，醫學中心評鑑是為了病人的醫療福祉與提升醫學中心治理效能，在發動原因還沒消失前，恐怕也沒有說廢就廢的可能。高教評鑑也是一樣，台灣的大學同樣也很血汗，但由於大學傳統已建立良久，比醫院更強調自主與自由，所以對高教評鑑這種盯前跟後還有可能來自主管官署的規範與管制，更是如芒刺在背，雖然很多系所學程與通識教育的評鑑，已讓學校自辦，但對批評反對的人而言，根本問題還是在的。我還是那句老話，在發動原因還沒消失前，恐怕也沒有說廢就廢的可能，那個原因改成是為了學生與教育的福祉，以及提升大學的治理效能。

我想正反雙方都有責任說明，高教評鑑究竟在過去與未來已產生以及會產生什麼正面向上的力量，或者只是讓大學往下沉淪。在這個改革過程中，要讓程序得以簡化、讓大學得以依想要發揮之特色調整評鑑項目、慎選有教養專業與評鑑經驗的評鑑委員，這是教育部與大學最念茲在茲的。但不管怎麼調整怎麼改，仍需做出具有一致性與穩定性之訓練，讓評鑑程序、認可項目、委員的選擇，有標準與可信之作法，讓評鑑簡化、大學特色得以發揮、評鑑認可委員具穩定性與專業性。

若還是有人執意要說高教評鑑是一顆大巨蛋，則想像原意，應該是大家都很關心究竟是繼續興建營運，或是乾脆拆掉讓大學自己獨力發展不受約束，讓大學與教育主管單位無關（所以可能變成是經費自行籌措），至於哪一個作法比較恰當，要看原來的階段性角色是否已完成，亦即提升大學的競爭性、國際連接、法令規定、與台灣現實這些因素的考量。若有改進方案，則宜盡速在大約的共識下完成改革，但最怕的是不上不下蹉跎光陰，面對當前國際高教競爭如此激烈，國內高教生存環境如此嚴峻，我們哪有那麼多談玄論道的時間！

第五篇　高教在壓力下的轉型與評鑑

假如要說現在大學最嚴重的壓力是什麼，那一定是言人人殊。研究型大學的壓力來自要求各方面的卓越，但在這十幾年來啟動追求卓越的戰爭後，學生一直抱怨學校重研究輕教育，只知爭國內外排名，如何培養出一直標榜的各行各業領導人？老師抱怨研究壓力太大不知為何而戰，違背當初進入大學從事學術與教育工作的初衷；學校領導階層則抱怨國家與社會一直逼壓，要增強國際競爭力並帶動國家競爭力，但要馬兒好又要馬兒不吃草，學雜費不能調整也就罷了，政府的資助也沒隨之增加，揆諸國際同級大學，堪稱血汗，好不容易弄了個五年五百億又逐期縮水，想要棄養，看不出國家對一流大學有何長期願景與投入，民間捐款雖然每年至少四百億，到宗教機構的多，很少真正捐到大學的，只好多做點產學合作與創收，但心中又隱隱覺得不安，好像離大學之道愈來愈遠。

至於處於比較後段的大學，面對的是馬上要開打的生存戰爭，二〇一六年大學生源開始減少，此後十年間大約下降三分之一。台灣因為淨在學率超過七〇%，已居全世界前三名，往上調整的空間很小，政府也不可能干犯眾怒調降一流大學的招生率，大學招生總量減少後並不會平均在各大學員額中減少，而是呈現一種遞階函數（step function），亦即開始先從後面大量減少再逐漸少量往前推。在這些限制條件下，台灣目前近一百四十多所大學在二〇一六年後的十來年間，大約有四十至五十所大學需要轉型或退場，這也是為什麼教育部一直主張一百所大學是以後台灣最適高教規模之故。

考量這兩種截然不同的壓力，大學評鑑顯然要有不同的策略才能因應。這是台灣目前最不敢面對的分類分級，追求卓越的大學最需要的是要有資源去實現，也是錢的問題；掙扎在生存邊緣的學校，最需要的是要找到一條可以接受的出路，又有出路又要能符合國內法制，顯然需要修法。就前者而言，台灣的特色是右派社會，在教育與醫療上有左派理想，但在資源籌措上則無左派措施，全國稅賦只占GDP不到一三%，在全世界是穩居最低之一，在這種狀況下想要真正弄好幾間大學都難以著力，若非這些大學優秀師生的血汗功高，豈有今日。大學的強大需先來自強大的國家或國家強力的資助，大學做的是人才培育與學術的基礎工作，基本上都是需要花錢的奠基性志業，沒錢沒資助根本就不可能有好大學，有史為鑑血跡斑斑，不必一一列舉，只要想想第二次世界大戰前後的維也納大學與柏林大學，以及現在獨霸一方的美國大學群，做一比較，即可略知一二。就後者有生存危機的大學而言，台灣也有一個特色，就是立法從嚴，如大學法與私校法，私立大學是捐資興學而非投資辦學，因此私校面臨轉型或退場時，馬上有財產歸屬問題，讓退場變得非常複雜。不過台灣又另有一個特色，就是防災雖不力但救災真內行，因此在二〇一六年以後火燒屁股之下，說不定就能制定出特別條例，以排除既有法令之限制，如進行文教土地使用分區之調整、整併、設立教育RTC、合理清算、或做好轉型利益分配之優惠等。依此來看，二〇一六年之後的少子化對大學生源的影響，也非全無解決之道。

綜上觀之，我們現在面對的是三類性質非常不同的大學，一類是十來所應該仿各國之例，在國際上發光發熱的大學；一類是需要轉型或退場，需要協助與輔導的大學；另一類則是介於中間，更多需要力爭上游的大學。對這三類的高教輔助措施顯然不同，一個大有為的國家一定要有周全的方案來促成與協助，高教評鑑中心應該發揮民間智庫功能，提出可資參考的建議。另外在高教評鑑中心的本業上，更應在分類分級的現實上，在評鑑指標與實質評鑑上，加緊研擬不同之適用方案，以對這三類大學提供可參考之評鑑資料。

第六篇　末端管控，修法讓一流大學免受校務評鑑

教育部今（二〇一七）年起不再對各大學進行系所評鑑，具有國際接軌需求的系所仍可自辦評鑑後再送高教評鑑中心認定，其效力與委託專業機構辦理評鑑相同；至於校務評鑑應可修法讓頂尖大學直接免評，不必接受校務評鑑，由教育部從末端管控即可。

近來各界關切的高教人才流失問題，台灣學界最令人憂心的問題還不是現有教授出走，而是台灣的大學文化會阻止學校用高於資深教授數倍的待遇延攬具有國際競爭力的新人；因此，即使高教深耕計畫給予再多經費，政府若未具體明訂並大幅突破年輕教授的彈性薪資額度，恐改變不了國內大學的心態，也解決不了「搶不到具有國際競爭力新人」的嚴重問題。現在很多具有國際競爭力的新人，在世界各地申請學術職位時，台灣的研究型大學經常沒有好的條件來參與競爭，令這些大學深感無奈。二〇一七年八月教育部提出「玉山計畫」，以增加年薪五百萬元重金禮聘頂尖學者，且不限資深教授皆可申請，是很大的突破，若設計妥當，對大學將有引導作用。

不同類大學應有不同評鑑方式

莫用同一把尺評量所有類型的大學，是今後國內評鑑機構應思考改善的方向。教育部身為公權力機關，一開始對高教評鑑的要求比較嚴苛，全國統一標準，大家都穿同一套制服，不可能依學校分類分級，評鑑委員的執行態度也較為強硬；但自從教育部宣布不再主辦系所評鑑，各評鑑機構的態度瞬間柔軟許多，委員的態度也跟著調整。這種轉變是一件好事，評鑑機構應該珍惜這種改變。不過台灣社會也不能因噎廢食，若所有的評鑑都不做了，既違反時代潮流，也不符合國際現況，《大學法》亦規定大學仍須接受校務評鑑。接下來應該思考的是，如何讓不同類的大學有不同的評鑑與認可方式。

如天主教輔仁大學是台灣唯一的宗座大學（Pontifical University），梵蒂岡教廷有管轄權，那麼是否可以聘請教廷人員擔任校務評鑑委員？評鑑指標或許也可完全按照宗座大學的國際性指標設計。同理，藝術、教育、技職以及其他宗教大學或學院，是否也應有不同的評鑑方式？

末端管控一流大學修法免受校務評鑑

台灣大約有三類大學，一類是十來所仿各國之例，在國際上發光發熱的大學；另一類是亟待轉型或退場，需要協助與輔導的大學；最大宗的則是介於兩者之間，必須力爭上游的大學。這三類大學的高教輔助措施顯然不同，如何能以同樣的標準進行評鑑？又怎能安排相同的評鑑委員前往訪評？美國經驗顯示，芝加哥大學的評鑑委員不會參與社區學院評鑑，社區學院的評鑑委員也不會去評鑑芝加哥大學，否則一定會發生悲劇！台灣學術圈也應有這樣的認知。

考量國際需求，台灣的一流大學應該在法令上有免除評鑑的空間，不僅系所不需要評鑑，連校務評鑑都可以免評！以台大為例，學校在意的是建立學術領導、如何打世界盃及顧好自己的名聲，但真正煩惱的是如何去張羅武器找資源，以便做好國際競爭，心裡著急得很，結果一群評鑑委員依法前往台大進行校務評鑑，提供的意見卻對這方面幫不了什麼大忙，請問頂大會心服嗎？校務評鑑對頂大來說既不能拒絕又難以心服口服，更恰當的作法應是教育部不再從源頭介入頂大辦學，改由末端管控，提供國際競爭性指標與經費，但不介入學校如何做，放手讓一流大學自訂辦學方針；待兩三年或一定時間後再根據指標逐一檢視學校的執行成果，若未達預期即直接調整經費或資助方式，學校也必須考慮轉向其他更好的方向發展。

大學文化閉關搶不到新人成最大隱憂

有人對於台灣的高教經費無法與對岸大學競爭表示憂心，到中國大陸大學參訪時最怕聽到一句話：「錢和人都不是問題！」正因為他們敢承諾「錢不是問題」，所以很容易就選到一流人才，無需降格以求。但台灣高教最令人擔心的問題，還不是現有教授被對岸挖角，而是待遇偏低搶不到具有國際競爭力的新人。「沒錢」通常是學校的理由，但狀況較佳的私立大學有幾億校務基金可用，學校卻不願意將錢花在這裡；部分國立頂大如台大其實也不是沒錢，而是大都不敢以二十萬以上的高薪禮聘一個大家都在爭搶的優秀年輕學者，因為怕對不起一輩子努力但月薪才十來萬的資深教授，以及外界喜歡說東說西的批評，說不定還有內部檢舉讓立法院與監察院出來關心一下，這樣怎麼搶得到人才呢？

台灣的大學文化阻礙了學校以高於資深教授太多的待遇聘請新人，就是搶不到人才的癥結所在，如此閉關自守，新人很容易被搶光，政府應可以在此基礎上提出誘因與方案，明確獎勵年輕優秀學者的彈性薪資，最高額度可達二十萬以上等具體條件，否則即使高教深耕計畫提供大學彈性薪資經費，在「閉關文化」影響下，大學也不敢放膽以高薪在國際搶新人。最近教育部提出「玉山學者」攬才計畫，應有助於引導大學大幅突破年輕教授的彈性薪資額度。

評鑑對技職體系與私立大學貢獻良多

相較於一流大學比較不需現行的制式化評鑑，一般大學校務評鑑的重點應放在大學治理、教育基礎設施、辦學課程與發展特色，因此，學校如何結合品質保證（QA）與校務研究（IR）機制進行大學治理便格外重要，QA與IR的評鑑應該能對一般大學、技職體系校院，尤其是私立大學做出很大的貢獻！

至於藝術、教育、宗教類等特色大學，現在的常規評鑑的貢獻其實有限，應再研議更好的評鑑方式。而評鑑對於招生困難校院的幫助也不大，因為評鑑若講太多這些學校的缺點，有些學校會覺得反而加速讓學校關門；若講太多好話，學校又不會產生改革向上的自覺，造成評鑑左右為難。

綜合以上分析，應在分類分級的現實上，對台灣三大類大學採取不同的評鑑與認可指標，並盡速發展出不同的評鑑方式，供當事學校自主選擇，高教評鑑中心可研擬系所評鑑與校務評鑑的改善方法，結合QA與IR來設計評鑑項目，以協助不同類的大學發展。QA與IR在美國早已遍地開花，有人誤以為美國教育部不管大學，其實是一種偏見，他們只是不像台灣管得這麼直接，而是間接在管；最明顯的例子就是美國教育部會根據大學提交的QA、IR資料與績效責任報告，核定各校學生貸款額度，以此要求大學做好該做的事。至於英國與歐陸國家的高等教育也做QA與「類IR」，比起美國具有更為濃厚的國家控制色彩。

大學為何而戰？

近來許多大學校長與高教人士紛紛提出台灣高教困境之說，認為近年高教虛無主義開始流行，例如批評大學很差、學用落差、國際表現退步、私校轉型可能掏空校產、評鑑讓各大學雞飛狗跳、促進一流大學競爭型計畫成效不彰等，加上社會民粹抬頭，公權力經常媚俗，這些都是最近幾年高教所面臨的壓力。

面對這樣的環境，大學為何而戰？又該怎麼辦？大學的重點本就應放在人才培育，學術卓越、教育品質、公平正義三者本來就不應脫鉤，不能獨沽一味，公平正義是大學不能違背的消極條件，教育品質與學術卓越，則是大學必須全力以赴的積極條件。尤其現在大學面對國際高教高度競爭的外在壓力、少子化的結構壓力、與應將學生當作大學主體的內部治理壓力，大學更應回歸教育本質，做好大學本位治理與校務研究工作，否則將無法有效因應國際與國內的雙重壓力。

拚國際接軌務實考量系所評鑑的必要性

因應系所評鑑不再由政府強制辦理，今後系所可選擇不辦、自辦或委辦評鑑，具有國際接軌與系所評鑑需求的系所，可優先考量自辦評鑑後再送高教評鑑中心認可；若覺得外辦比較適當，也可委託各評鑑機構辦理。只要以前述任何一種方式通過認可，高教評鑑中心即會將認可系所名單公布於網站上，方便國外大學查核國內大學系所的學歷與辦學品質，有利畢業生前往國外升學與就業。

系所評鑑對於某些國家或專業領域仍屬必要，二〇二三年起，世界各國的醫學系若未被「世界醫學教育聯盟」（World Federation for Medical Education, WFME），與美國「外國醫學院畢業生教育委員會」（Educational Commission for Foreign Medical Graduates, ECFMG）認可的組織評鑑通過，該系畢業生將無法前往美國訓練或行醫，因此，即使現在教育部不強制做系所評鑑，各醫學系也不得不做，以免影響學生權益。日本與中國以前也無類似我們的「台灣醫學院評鑑委員會」（Taiwan Medical Accreditation Council, TMAC）機制，現在也都設立運作了。

另外，馬來西亞不承認台灣未通過系所評鑑的大學學歷，因此招收馬來西亞僑外生的系所，今後也仍有辦理系所評鑑的需要，這些都是非常務實的考量。商管與工程系所接受國際認證，更是需要國際接軌之大學校院在國際化上的常規作法，有些也與學生回原居地或國外考工程類證照有關。總體而言，自願辦理系所評鑑仍將會是未來大學，面對少子化與辦學壓力下的參考選項。

（陳曼玲採訪撰文，刊登於二〇一七年九月《評鑑》雙月刊；本文在敘述方式上略做修改）

第七篇　大學IR資料庫與決策機制之建立

一九五〇年代是二戰之後很多學術流派大放異彩的時候，DNA結構就是因為X光繞射的資料而得以解構，開啟了生物科技的新紀元；人工智能（AI）雖以視覺、語言、與控制系統聞名，但在五〇年代時，也因為GPS（General Problem Solver）有效算則的提出，以及可計算性（computability）之研究，而開步走，之後發展出來的決策支援與專家系統（decision support and expert systems），則受到很多專業領域與產業（如醫療與採礦）的重視與應用。很少人知道的是，幾乎在同時有一些在大學裡負擔行政工作的人，開始發展校務研究（institutional research, IR），以同樣的邏輯在說大學應該重視以資料與實證資料為本，來建立大學的決策機制。大學在以前一向被視為開風氣之先，或者是各類高級人才養成所，也就是說都是一小群菁英，在影響著過去現在與未來的世界及社會發展，在過去那個時代，IR大概是太形而下，這種議題與走向是不會被太過重視的。

曾幾何時，台灣在三十幾年前當校長（那時還沒什麼副校長、研發長、國際長、產學長之類的，是教務長扮演最重要角色的年代），與負責學術及行政工作的人，一向是採取精神象徵或天縱英明的領導方式，招生則是供不應求，淨在學率還不到二〇%，沒有少子化、世界大學排名、或所謂學用落差與就業困難的問題。所以那時的大學以現在水準來看雖然是落後甚多，但市場供需基本上對大學是大大有利，大學可以說是高高在上，很少有人會想到說要認真去建立豐富又可串接的各項資料，以便深入了解教育現場，在經驗的基礎上，去找出有效的校務決策機制。但現在完全不一樣了，上述所提的過去狀況，一去不復返，現在的大學要擔驚受怕的事情太多了，怕成就不了研究或教學卓越，在經費爭取與招生上會出大問題，更擔心一不注意，幾年之後成為被輔導轉型的學校。因此不只教育部預見及此，大學也自動自發的開始注意證據為本的決策（evidence-based decision）概念，更關心如何在實務上去完成它，尤其是假若能從校務與學生的各項海量資料，建立可以找出有規律性存在的大數據模式，做出聰明的學校決策，則有利於看出招生利基在哪裡、學生有沒有好好學習到專業與教育內容、預警輔導機制如何適時啟動來降低休退學比例、以及如何由資料看出學生的學用落差與職涯規畫所碰到的問題等等。

但是IR並非無中生有，也不是萬靈丹。台灣的大學在過去十來年，為了申請與執行五年五百億、教卓計畫、校務與系所評鑑、典範科大、技職再造、各項獎補助款、以及內控與財務訪視等工作，經常被要求建立各種大小不等的資料庫，並提送教育部要的總體資料。所以大學並不缺炒菜用的大小資料庫，所缺的是如何把這些資料儲存串接起來做有效的存取，所缺的是要去檢討缺了什麼關鍵性的資料，以及如何聰明的從龐大資料陣列中，聞到嗅到找到事關學校存亡或可以再精進的竅門。要做好這些工作，就跟一個具規模的優秀研究團隊所要做的沒有兩樣。所以人員、經費、計畫、與領導是一項也不能缺的。

ＩＲ能否成為學校經營上的良好助手，或者治病上的萬靈丹，當然是被寄以厚望，但一間學校的體質與辦學效能，才是ＩＲ能在此基礎上大展身手之處，ＩＲ無法讓學校無中生有，但聰明的辦學者卻可以好好利用ＩＲ所提供的有效資料及決策機制，增益其所不能，在安全中看出危機，在危機之中看出機會。要能讓ＩＲ從現在開始，對學校提供最佳的助手與智庫功能，甚至對全國高教政策之檢討與修訂，都可提供助益，則宜先做好準備工作，底下列舉兩點供參：

ＩＲ在建立資料庫時幾乎可以無所不包，不過仍需以學校之實際需求與擬發揮之特色為主體，一間以追求卓越為職志，以及一間想在困境中找出機會的學校，當然對想建立的校務資料與擬發揮的特色，會有相當不同的考量，這是在推動ＩＲ時，一定要留給學校的彈性。但不同類大學也應該有相同的、可供互相評估的指標，而且一所大學之所以為大學的基礎資料，也應能呈現給利害關係人了解，整體而言，仍以招生、學習績效、職涯輔導、與辦學經營為主體，這方面的工作前已提及，有很多子資料庫其實已經建立，但需要有效的串接。至於財務之揭露與相關決策程序，因另有監督機制，不同國家有不同作法，如日本就放入ＩＲ系統中，但美國就不太處理這類問題。至於台灣則因今後的少子化招生壓力，學校經營與財務的關係應相當密切，宜另有一套更周延之作法，只靠ＩＲ做揭露與分析是不夠的。

學生是學校的核心，故招生、休退學追蹤、學習過程中之預警、學習成效、學用落差之敉平、與職涯發展等項，應為學校最重要之關切事項。但「學習」一詞意義甚為廣泛，不易明確定義，宜先取得校內共識，定出項目與格式，而且跨校之間也應建立基本共識，共同發展，初步可先成立國內之ＩＲ專業協會，共同促成，並與國際高教所進行已有五十餘年經驗的ＩＲ接軌，之後逐步建立起自己的ＩＲ資料庫與決策支援系統。

第八篇　Taiwan-AIR 這一年

轉眼就翻到二〇一七年，台灣校務研究專業協會（Taiwan-AIR，簡稱 T-AIR）成立至今也快一年了。T-AIR 成立的軌跡至為清楚，首先是在教育部主催下，於二〇一五年參加美國校務研究協會（AIR）五十週年年會，台灣出席人數（包括高教司在內）有二十來位參加，發現從社區型大學到研究型大學，還有伴隨發展IR軟體、設備、與系統的大小廠商，可說是熱鬧滾滾，AIR對新加入的台灣團則充滿期待。接著教育部推出IR實驗計畫、協助推動成立 T-AIR。二〇一六年初成立 T-AIR，同年六月初參加美國AIR年會時，人數已多達五十餘人（高教司此次未能參加）。

成立大學IR專業機構的邏輯，與成立高教專業評鑑（QA）機構的想法並無兩樣。所謂不知歷史縱深不清楚國際比較，就別妄議國政，所以釐清需求，了解學習機構的SWOT所在，之後做證據為本的決定（evidence-based decision），這就是建置IR與QA作為高教決策支援的邏輯，一方面供學校做內控之用，另一方面亦可在綜合各校IR資訊後，協助高教政策得以在較具體較全面性的關照中，發展出有效的宏觀調控策略。

接下來的事也很重要，利用IR與QA看出問題後，如這所學校廟小妖風大、欠缺品質教育、或研究能量不足等，就要開始設定 mission、strategy 與 action plan 來改變它。這裡面的基本觀點是：決策很重要，行動才是關鍵！而一切的起始點，可以讓IR提供基本的準備工作。

ＩＲ主要是提供資料驅動與證據為本的決策支援（data-driven and evidence-based decision support），故較具大學自主性，且大半是大學應收集之資料，因此比一直想評價大學的ＱＡ之咄咄逼人，更受到歡迎。但兩者還是經常被批評為讓大學治理方式更等同化，又因過於強調重生存與大學治理效能，大學之傳統功能流失。其實ＱＡ與ＩＲ應只是中性工具，所以呈現出來的資料並非要點，重點是這些資料背後的故事，因為每間學校的故事並不相同，所以對收集到的資料，應該在全面考量學校歷史、現狀、與未來之後，進行脈絡化的解讀，這件事至關重要，也是學校領導有高下之分的所在。所以ＩＲ辦公室之設置在不同類別學校，應有不同的最佳模式，如在公私立學校，校長與校務會議之角色大有不同，應能善用其不同特性做最佳的設計，外界的評審不宜做統一要求，以免失去辦學的彈性。

T-AIR與各大學協進會則有責任做人才培訓，與建立以ＩＲ為基礎之大學治理平台。T-AIR目前每月皆有活動，若單月為各校ＩＲ實務觀摩，雙月就是技術性的工作坊，每年則舉辦一次大型的國際性質研討會。除此之外，還有若干工作重點，如協助學校建置各自關切的要點（包括有效招生策略之擬定）、協助建立跨校之最小集合的共同資料欄位、建立具有共識之ＩＲ語彙與字典（如學習成果、人文關懷、就業能力、各行各業表現與成就）、與協助建立跨校具有共通性之資料庫等。這些工作皆非一夕一日可完成之事，希望大家一起努力來促成！

第九篇　未來的ＩＲ備忘錄

我在二〇一四年八月接任高等教育評鑑中心董事長，就國際定義，這是一個有關大學品質保證（ＱＡ）的認證機構，當時並無校務研究（ＩＲ）業務。在國際高教競爭全面開打與國內少子化生源嚴重減少下，大學校數已過度飽和的台灣高教，面對的是一波波難解的重大壓力，前、中、後端大學固然面對的壓力性質各有不同，但沒有一個是可輕忽以對的，其中包括學生學習成效與辦學效能兩項。

衡諸美國經驗，若要讓大學能做好這兩大項工作，並作為校務決策與內控的重點機制，則須有ＩＲ系統的協助，方足以成事。

從美國到台灣

美國ＩＲ之興起已逾五十年，主要應係來自一九七〇年代對大學要求提交社會課責報告書（Social Accountability Report）而趁勢建立起來，之後則與強調大學治理（university governance），包括招生、休退學、財務、形象排名等項，以及學生學習成效有關。而且為了讓社會大眾與學生、家長，能有系統的查核比較，逐漸發展出透明化與系統性作法，演變到今日粲然大備的ＩＲ建置。

台灣類似ＩＲ的努力與機制，並非一無所有，不必從零開始，尤其是台灣技專與大專校務資料庫，過去在國立雲林科技大學負責下，歷時十八年，長久以來已被作為高教決策支援系統的重要一環。另外，之後在過去十餘年各種高教促進計畫的推動下，已建立起各種大小不一的資料庫，以因應一流大學計畫、教卓計畫、典範科大、技職再造、校務與系所評鑑、各類獎補助款與學生貸款等項之資料要求，所以現在要建立全校性的IR應該不難。

但由於要有大致統一的格式與項目，也要比對過去紛雜資料的正確性與一致性，因此，必須好好結合資訊科技、統計分析與資料科學等類專業人員，也須對大學內部之運作概況有一總體了解，才能達到有效綜合的目的。

成立大學IR專業機構的邏輯

教育部於二〇一五年推出IR實驗計畫，協助推動成立國內的IR專業協會。二〇一六年一月「台灣校務研究專業協會」（T-AIR）成立，在教育部與T-AIR推動下，目前所有大學校院中約有五二%，也就是七十六所設立IR辦公室，並雇有一百多位全職分析人員與數逾百人的兼任分析人員。

成立大學IR專業機構的邏輯，與成立高教專業評鑑機構的想法並無兩樣。所謂不知歷史縱深、不清楚國際比較，就別妄議國政，所以釐清需求，了解學習機構的SWOT優劣分析（Strengths, Weaknesses, Opportunities, Threats）所在，之後做出以證據為本的決定（evidence-based decision），就是建置IR與實施QA作為高教決策支援的邏輯，一方面供學校做內控之用，另一方面亦可在綜合各校ＩＲ資訊後，協助高教政策得以在較具體、全面性的觀照中，發展出有效的宏觀調控策略。

接下來的事也很重要，利用ＱＡ（從外面看）與ＩＲ（從裡面查）看出問題後，如這所學校欠缺品質教育或研究能量不足等，就要開始設定「目標、策略與行動方案」（mission, strategy, and action plans）來改善不理想之處。這裡面的基本觀點是：決策很重要，但行動才是關鍵！而擬議中的各類行動，可以先由ＩＲ提供學校所需的基本數據與證據，作為起始點。

台灣高教通關密語：排名、ＱＡ與ＩＲ

ＩＲ辦公室之設置在不同類別學校，如在公私立學校，或者學校係屬一般或技職或特殊專業型，應有不同的最佳模式。因不同類型、不同性質的學校校長與校務會議，其角色功能大有不同，校長與學校行政團隊對校內的影響力，都有細微但重要的差異，應能善用其不同特性做出最佳設計，外界的評審不宜做統一要求，以免失去辦學彈性。

現在台灣高教最常聽到的通關密語至少有三個：排名、ＱＡ與ＩＲ。這指的是大學外部的相對位置（排名只是一種手段）、外部評鑑與ＱＡ（校務與系所評鑑是一種手段），以及內部治理機制（建立校內ＩＲ系統與利用以證據為本之決策模式，提升機構效能）。

前兩者是經過十幾年的競爭性計畫（如研究型大學、五年五百億、教學卓越、典範科大等計畫），及時面對國際競爭（世界排名、國際化、招收國際生），以及啟動規範性之品質保證（ＱＡ）的系所與校務評鑑之後，才變成耳熟能詳的。

ＩＲ則是個例外，能在短短兩三年間廣為人知，可能是因為在國際高教競爭，又加上國內特殊的大學生源長期嚴重短少之雙重壓力下，迫使大學須盡速自我定位，進行組織調整與內部評估，並尋找利基發揮學校特色。另外一個因素則是頂大計畫與高教評鑑實施十幾年後，也有諸多不如人意之處，須做大幅修改，在此狀況下，不能沒有替代方案，ＩＲ可以是其中一個重要的選擇。

月月有活動交換ＩＲ經驗

轉眼就翻到了二〇一八年，T-AIR 成立至今也已兩年。這段期間，T-AIR 做了一件一般學會或協會不太做的事，那就是月月有活動，由選定的大學輪流主持。若這個月是各校ＩＲ建置的經驗交流，則下個月就是如何建置ＩＲ等相關理論技術的學習工作坊。因是第一次這樣做，所以我每次都全程參與。月月有活動還擴展到年年有國際性的ＩＲ專業會議，在每年年會時同步舉辦，或者另由大學擇期主持辦理。

ＩＲ可以說是一種以證據為本的決策支援系統，它可以是模式驅動（model-based），也可以資料驅動（data-driven），這兩種方式的使用都有不同的技術與眉角，因此一般都要有數據分析與資訊科技（IT）專家，以及一個具有教育專業性的辦公室，由副校長或教務長擔綱，辦學團隊才能在現代變動劇烈的國內外高教環境下，做出適時、務實，與聰明的校務及院系所決策，在招生、留生、攬才、留才、學習成效、學術競爭與資源籌措及配置上，做出最好績效，而這也是在大學競爭激烈時，幫助自己勝出的保證。

當台灣高教界對外部評鑑產生各種還未適當化解的憂慮時，大學內部的IR建置則可在QA之上，暫時做出一些彌補的功能。因此，讓各校在T-AIR「月月有活動」的經驗交換過程中，體會到什麼是IR的重要議題、什麼是建置IR系統時必須要精熟的技術，以及各校面對這些問題時的不同考慮為何，便成為非常重要的討論項目。其中最受歡迎的議題就是如何有效建立有用的IR資料庫，以及如何利用IR資料庫評估學生學習成效。

以學校需求特色為主體建立IR資料庫

IR在建立資料庫時幾乎可以無所不包，不過仍需以學校的實際需求與擬發揮的特色為主體。一間以追求卓越為職志，以及一間想在困境中找出機會的學校，當然對想建立的校務資料與擬發揮的特色，會有相當不同的考量，這是在推動IR時一定要留給學校的彈性。但不同類大學也應該有相同的、可供互相比較評估的指標，而且一所大學之所以為大學的基礎資料，也應能呈現給利害關係人了解。

整體而言，IR資料庫仍以招生、學習成效、職涯輔導與辦學經營為主體，這方面目前全國有許多子資料庫已經建立完成，但必須做有效的串接。至於財務之揭露與相關決策程序，因另有法律與政策監督機制，不同國家有不同作法，如日本就放入ＩＲ系統中，但美國就不太處理這類問題。台灣則因今後的少子化招生壓力，學校經營與財務的關係應該相當密切，宜另有一套更周延之作法，只靠ＩＲ做揭露與分析是不夠的。

至於為何重視學生的學習成效，其理至明，學生是學校的核心，故招生、休退學追蹤、學習過程中之預警、學習成效、學用落差之敉平與職涯發展等項，應當是學校最重要之關切事項。但「學習」一詞意義甚為廣泛，不易明確定義，宜先取得校內共識，訂出項目與格式，而且跨校之間也應建立基本共識，共同發展。

月月有活動的主軸除了各校ＩＲ建置的經驗交流，以及辦理建置ＩＲ之相關理論技術的學習工作坊之外，還強調ＩＲ如何協助大學治理（含招生與留才策略之調整、標定學校強項並促成學校競爭力、公共性之發揮、大學社會責任之履現等項），以及如何協助建立國家高教資料庫，這些都是在當前大學困境下必須加緊促成之事。大學與國家的高教系統有必要向社會、家庭及學生交代做了什麼事、為什麼值得被信賴，以及能提供多大的人才培育競爭力。

ＩＲ的未來展望

台灣高教ＩＲ的具體建置與T-AIR的成立，可說都是在起步階段，在這種時候談未來展望，似乎跳得太快。但台灣高教IR的實質內容其實早已開始蒐集至少十幾年，只是沒用IR之名罷了。至於關係密切的QA（校務與系所評鑑），則是名正言順地實施了更長久的時間，因此在推動IR時，也應該要想到如何結合QA與IR的議題。另外則是IR辦公室設置後的跨校與區域合作問題。

1.結合QA與IR之必要性

教育部不再要求高教系所（包括通識教育）做評鑑之後，許多學校基於辦學績效與關心學生學習成效，想了解原本作為教學品保之外部評鑑機制，今後是否有替代方案。尤其在高教競爭往研究大幅傾斜下，以及大部分非屬所謂一流研究型大學的高教學校，當少子化嚴重來襲時，在今後關鍵十年間，如何進行有效招生與人才培育工作，大學都很想知道在已不被要求做外部系所及通識教育評鑑之後，如何從內部做好教學品保工作。

方法之一，就是建置IR作為內部品保之重要機制。IR應將學生學習成效作為重點項目，這也是高教深耕計畫所要求之內控項目，設計時宜分為一般與特色類別，以供選擇性填報教育部所要求的共同欄位之用。另須研究在教育部統一跨校公布與學校個別公布時兩者如何分工整合的問題，以免各說各話，反而造成困擾。

在推動IR建置時，很自然就會碰到個別差異問題，如頂大關心的是學術領導與打世界盃；一般大學則以提升大學治理效能、做好教育基礎設施與彰顯辦學特色為主；技職校院以大學治理、產學合作與發揮辦學特色為重點。這裡面又有公立大學、私立大學、特色大學與招生困難校院等不同類別，需要做個別差異式的考量，不能再穿同一套制服。

在結合QA與IR的實現上如欲成功，應重視對台灣不同類的大學採取不同的評鑑與認可指標，並盡速發展出不同的評鑑方式，供當事學校自主選擇。高教評鑑中心可研擬系所評鑑與校務評鑑的改善方法，結合QA與IR來設計評鑑項目，以協助不同類的大學發展。在此過程中，應朝分類分級的評鑑方向努力，有效促成本國不同類大學之辦學目標，將是未來台灣高教的一件大事。

2. IR辦公室設置後的跨校與區域合作

IR由於涉及個別學校的師生個資，因此宜先在學校內獨立設置。初期為了有效建置，校長不宜擔任主管，係基於類似檢察官與法官應分隸辦事之原則。由於IR之重點在學生招生留才與學習事務，以及學習成效等項，因此由教務長出面負責亦甚合宜。但在私校可能有協調各單位之困難，故依學校特性由副校長出任亦可稱合宜有效。IR辦公室在專業上獨立，但在決策體系上係隸屬於校務治理之一環，主要是智庫性質，難以負決策責任，因此不宜有強枝壓主幹之心態。

但各校設置IR辦公室之後，為了發揮更大效能與作為制定全國高教政策之參考，應可考慮盡快推動跨校與區域合作。推動之初，須先有共通的資料庫清整建置、具共識之足夠分類資訊（sufficient set of categorized data）、操作同樣嚴謹的統計及分析方法，並檢視資料一致性及做好正確性判定後，才能在共通的基礎上，設定跨校比較策略與特色發展方向。

這就是ＩＲ系統的兩階段建置。第一階段是小ＩＲ，各校建立後可作為校務治理一環的資料庫，並依各校特色或弱點，從資料中研判出最佳可行策略，以提升辦學效能。第二階段則是後設（meta）層次，將各校可公開、應公開、被要求公開之資料，建立共同欄位，由教育主管機關依法令建立具流通性之跨校全國性大ＩＲ，以監督高教之健全發展，並隨時找出依法令、依政策應介入協助之處。在這兩者之間，或者也可依需要，建立具有互信的跨校ＩＲ聯盟，發展區域合作關係，共享發展ＩＲ的好處，提升校務治理成效。

精進ＩＲ　解決高教難題

T-AIR草創伊始，即自我期許有責任協助ＩＲ專業人才之培訓，以及協助大學建立以ＩＲ為基礎之治理平台。這些工作皆非一朝一夕可完成之事，看來我們還有很多事情要做，面對未來複雜難解的高教問題，或許ＩＲ的建置與精進，可以幫上一些忙。希望大家一起努力來促成！

（本文節錄與改寫自二〇一八年二月《台灣校務研究實務》一書所刊載之〈代序：台灣校務研究的未來〉一文。）

經常陷入風暴的台大與中研院

台灣教育與學術界的領導雙核心

不是每個國家都有穩定的教育與學術領導雙核心。也許日本有人會說是東京大學與RIKEN，但京都大學可能在旁邊表示不同意；中國有科學院與北京大學，但清華大學可能在旁邊搖頭。歐美先進國家大部分是多元領導，其他國家則可能是面貌不清楚或聲望不足的領導核心。台灣很乾脆，假如說台大與中研院是教育與學術界的領導雙核心，大概不會有人反對，而且已經面貌清楚穩定存在有好一陣子了。但是運隨時轉，最近這兩個領導機構老出問題，甚至有人說造成了嚴重的學術真空，因為並無可以取代的機構出現。假如同樣問題出現在日本與中國，大概京都大學與清華大學老早就取代發言了。

台大是台灣各行各業領導人的培育基地，不只在學術與科技上有傑出表現，在政治與產業界更有廣泛且深遠之影響。台大是台灣一流高教機構的母親河，也是中研院（包括榮譽的院士組織與實體研究所及中心）的上游，被視為是初期與進階的最優秀人才養成所，雖然這是台灣的聯招制度造就了這個局勢，但至少台大沒有辜負掉這個大平台應有的教育與人才培養功能。台大更在國家社會動盪不安或軍國思想濃厚時，發揮作為社會正義堡壘與新觀念燈塔的時代性角色，雖然有時被當政者視為眼中釘，但台大不悔其志，總是在歷史進程中做出該有的表現。台大雖隸屬教育部，但互相尊重，鮮少以上下互相對待的，過去有一段很長時間，台大在緊要關頭帶頭表示不同觀點時，教育部與行政院，甚至總統，一向是嚴肅以待，未嘗輕忽。

中央研究院隸屬總統府，被認為是國內最高學術機關，經常領銜甚至主持國家科技政策之制定。中研院不只經費規模遠在各大學之上，且人事與經費之運用彈性亦遠大於各大學，連台大也瞠乎其後，因此這二十來年得以自國外引入大批頂尖人才，若干學術領域突飛猛進，遠遠超過大學。

我從十八至五十四歲，在台大已至少待了三十五年，年輕時就參與校務會議，台大大小事務可說是無役不與，之後從台大辭職到行政院負責約兩年的九二一災後重建後，旋即任職教育部，離開政府一陣子後出任中國醫藥大學校長，現在又擔任高教評鑑中心的志工董事長，臨老再入杜鵑花叢成為台大的名譽教授，一生之中去了不少國內外知名大學，也有深入了解，但兩相比較，真的很難找到一間一流大學，可以同時滿足上述台大所發揮過的角色功能。也因此每當台大選定一間指標大學時，如過去澳洲的墨爾本大學或現在的美國伊利諾大學（UIUC），最近台大又調整了它的指標大學，中程指標是京都大學，長程則是美國的

UCLA。但不管如何調，可以預期的，總是會有人認為與台大還是不太匹配，我想不是所選的大學不夠好，而是認為它們尚未有過類似台大高度的歷史傳統，也許京都大學在歷史傳統上會是例外，但一定還是有人會認為為何不選東京大學！

雖然台大創建了台灣所有教育學術機構未曾有過的歷史傳統，社會還是經常對台大橫加非議，實在沒道理之至，只好說是對台大期望愈高苛責愈甚了。我真誠希望台大能夠痛切反省，為何有那麼多令人不如意之處，之後好好朝世界一流大學的更高處邁進，但千萬不可妄自菲薄，自貽伊戚。國家領導人與政府主管部門更應警覺，如何助台大一臂之力推動向前，而非人云亦云，甚至打落水狗。一個國家在教育學術與國家競爭力上，有無企圖心有無有效方法來促進，大家都在看！

至於中央研究院，我在吳大猷院長時代，曾從台大合聘作為研究員十餘年，在李遠哲就任新院長前請辭，但沒想到後來有一長段密切的互動。前不久當過評議員，但發現所有由院士們票選的評議員，只有我是「外人」，另有一類是「當然評議員」，那當然是院裡人了（如院內學術主管）。這種結構是修改後的狀況，比以前更不如，也比台灣一流大學的校務諮詢委員會更封閉，實難以想像這種結構，如何有效協助中研院落實作為領導全國的最高學術機關，來整合政府部門、產業、與大學，更別說中研院還要經營國家匯聚公民營產業在一起的生技園區，到時經營的權責如何相符？若出事如何究責？當時政府主管部門的規畫與授權，實在有很大的問題。我過去在任教台大與任職國科會期間，曾遍訪各國國家與民間的科學院及學術院，很難發現像中研院這麼全面性，既有院士榮譽組織，又有完整的研究所群，可以與院士組織密切合作，而又能走在世界前沿的國家級學術機構。中研院真的是一間既特殊又卓越的學術機構。當然，與中研院有相同淵源的中國科學院也是一樣的，而且規模更大。

台大與中研院的結構與功能上，現在卻存在有經常讓它們一不小心就陷入風暴的問題，那就是歐洲身美國頭，甚至是社會主義身資本主義頭，不把身與頭調成一致，是會經常出問題的！我在本書〈負責任的政治：高教困境與教育前瞻〉一文中，已做大致分析，另請參閱。今天中研院與台大都出了一些問題，引起社會廣泛的注意與不安，如浩鼎案與學術倫理爭議事件，若追究源頭，恐怕與此有關，歐洲身不是不能做美國頭的運作，社會主義身也不見得就不能做資本主義式的操作，但必須先將轉換規則弄好，才不會便宜行事，否則一不小心就觸法，讓傑出的學術菁英身陷地雷區，難以脫身，大家都受傷，國家也受傷。李白有一首〈俠客行〉，書寫一位快意恩仇的神祕大高手，其中有幾句是「十步殺一人，千里不留行；事了拂衣去，深藏身與名」。但是這兩個機構動見觀瞻，做了一輩子好事，傳鄉里；做了幾件有爭議的事，傳千里。雖然一向身手高強，但做了什麼事就要負公共責任，無法事了拂衣去，更不能深藏身與名，這是台大與中研院的宿命，但也是應該珍惜不能毀傷的莫大榮耀！

台大的今昔之辨

幾十年前一踏進台大校園，只要循著大小椰林大道走一圈，主要建築物大概就看遍了，要看法學院醫學院醫院與實驗林場，則需另外安排。現在若再走一圈，占地面積並無太大差別，但建物密布，已沒有辦法用簡單的概念來掌握台大校園。這就是轉變，內容變了，精神也變了，歷史傳統不會變，但學風卻不保證仍然相同。

傳統的台大

過去的台大，晚上就有燈火，雖然學術表現沒有今日出色，但師生以校為家的校園認同心情，恐怕比現在更為強烈。歷史上清楚的記載，台大在關鍵時刻很少逃避，既作為出擊社會不公不義的堡壘基地，又在時代變局中毫不畏懼的作為新觀念的燈塔。校長經常被期待要面對特殊政治社會情境，扮演精神導師的角色，雖然不是每位校長都有這種本領與心意，但確實有幾位校長認真去做了。另外，實際的學術事務則由教務長總攬其責，角色凸顯，在這個學習機構中盡量強調並落實出大學應具有的象徵性及精神層面。這些傳統與事件，構建了一個以事件為本的敘說歷史（events-laden history），替過去的台大增添了一點傳奇色彩，但也對現在的台大形成壓力，因為總有人在談論台大時，不免就會說些要恢復昔日傳統之類的話語出來。歷史如薄霧，白天大太陽時看不到它，傍晚與凌晨則登高看美景當鄉愁，歷史傳統這個概念除非有心好好處理，否則是很難操作的，就像對現在的希臘人與義大利人說，要好好回復古希臘的榮光與古羅馬的輝煌，那是會令一堆人頭痛不堪又於事無補的。

台大之所以特殊，與長達五十年的日本治理有緊密關聯在，其前身台北帝國大學於一九二八年建立，前有東京、京都、東北、九州、北海道、漢城，後有大阪、名古屋。該一建置對台大在台灣之龍頭角色與台大傳統之建立上，有絕對性的貢獻。建築史家李乾朗教授指出，台灣在一九一〇年代建了很多巴洛克式建築，如新公園內的台灣博物館；一九二〇年代後則多為軍國主義式建築，台北帝大係部分配合日本的南進政策而設，看看台大像軍事堡壘一般的主校門，即可感受到這個氣氛。時至今日校園內已林木扶疏，配合建築軸線連出具有代表性的南國花木，在傅鐘的東側與西側形成對稱排列，從北向南依次是茄苳、鳳凰花木、樟樹、與正榕，這種安排可能有植物生態或歷史上的考量，不過就台灣自北到南的地理軸向與樹種分布樣態而言，若改排成樟樹、鳳凰花木、正榕、與茄苳，應該也是一個言之成理的選擇。另外則是在其他大學校園不容易看到的，有些學院角落，不經意的經營出類似牛津劍橋的大草坪。

我們以前就是在這種校園環境中長大，耳中聽不完過去的事蹟，就覺得去認同自己的大學，是一件天經地義的事，根本不需別人來告訴你要愛校愛國家之類的。接下來就是最緊要的學習內容，很多台大校友都會在不同場合寫幾句說幾段，我也是一樣，所以只簡單講一

台大文學院/行政大樓軸線東側：茄苳、鳳凰花木、樟樹、正榕

台大文學院西側草坪

華盛頓公立圖書館／卡內基研究院

件事。二〇一七年六月到華府開會，路過一間巴洛克式圖書館，抬頭一看，橫楣上寫了三個字：Science, Poetry, History（科學、詩歌、歷史），這不就是我們當年在台大練功的項目嗎？今日的校園又在忙些什麼呢？

現在的台大

現在的台大當然仍是台灣一流大學的龍頭老大，但經典色彩逐漸淡薄，傳奇故事愈來愈少，校園缺少能夠形成傳統的歷史事件，惟師生的學術成就日趨國際化，具有國際競爭性的師生經常揚名國內外學術平台，SCI論文數目與產學合作質量進步明顯，在大學世界排名上面表現亮眼。至於學校治理團隊，比較不是精神領導，校長經常要事必躬親，與外面結緣及爭取資源，開始設置多位副校長、研發長、產學長、與國際長等等，就像公司團隊，強調企業經營方式與績效，設計好幾套評估用的ＫＰＩ（key performance indicators，關鍵表現指標）。

也就是說，台大與其他一流大學一樣，日趨世俗化、產學化、與團隊化，舊有的角色功能已不再是最高價值，過去獨特的面貌逐漸模糊，滔天巨浪中的燈塔已不再合乎時宜，最好是大家都來比讚！台大與中研院兩大機構領導人，在過去一段時間深陷戰火的第一線，諸苦備嘗，有一部分原因應該是與這種結構的改變有關。與前述的歐洲身美國頭或社會主義身資本主義頭的分析相比，其實都是同一問題的不同說法。

他們在面對浩鼎案與論文造假事件的學術倫理爭議中，無法迴避的就是作為一位重要機構領導人，應如何解除危機以免繼續傷害機構的善後問題。他們在此困境中，都具有一些共同點。首先，當事人都是好人，而且他們就個人而言，要不然是醫術超群，要不然是實驗室技術獨步全球，但身為學術領導之自覺與歷練以及眼界，都在面臨危機時遭受前所未有的考驗。他們遭遇到的挑戰都非常嚴厲，中研院翁院長面對的指控，是有關利益迴避、內線交易、與影響股市常規運作的問題，一個比一個難纏，我想翁院長一輩子在學術研究機構，一定無法想像這些問題真正長成什麼樣子，但在還沒弄清楚時，滿天砲火已從天而降。我想他了不起曾經在過去處理過一些小小規模的個人財務管理，或經手過自己技術移轉的簡單個案，如此而已，卻要面對這些陌生又這麼大規模有關市場運作之指控，我想這應該完全超出他的能力範圍，更無法期待能做出什麼聰明回應。也許最好的方法是讓中研院全權全面考量處理，說不定還可勉強因應一陣子，再謀良策，可惜並沒這樣做，到最後只好各憑本事，再厲害的人才碰到這種天羅地網，還能怎樣！想想當時一開始是如何的禮賢下士，邀請回台，到現在卻仍身陷風暴之中，何差距如此之巨大也。

台大楊校長所碰到的問題其實相對單純，論文資料造假部分經專業委員會審議已認為與他並無關聯，但他面對的是作為一位合著者，尤其是作為台大校長，應該要負什麼責任的問題。如所預料，楊最後仍是以離去作結，我想他心中一定感慨良多，難以平息。

一般而言在面對危機時，若沒有幾位無私心又具遠見的人在旁給予分析提醒，則常有反應過慢又無智慧因應之情事發生，在事情告一段落後常有諸多委屈。若係如此，則在事後很難形成重大反省，以及大幅調整辦學或學術領導方式，可能只好做一些程序與技術上的改進，這真是無可奈何之事。他們在離開權力與領導時，不出惡聲，仍有優雅淡退的特質，畢竟是讀書人。真正有勇氣的領導人都應該懂得這個道理，因為海明威說過「勇氣是在壓力下保持優雅」（Courage is grace under pressure），我們能說的，只是遺憾，期待當事人能儘快走出陰影，繼續貢獻我們這個苦難的社會，雖然這個社會也經常給人苦難。

次論中研院，從國家最高學術機關、清高自持，掉入凡塵，在時代變化中進行調整，與台大的演變並無太大不同。

中研院榮耀路上石頭多

中研院在吳大猷、李遠哲、與翁啟惠三位院長的連續帶領之下，在國內外科學界建立亮眼名聲，也在台灣科技政策之制定與推動上，扮演不可忽視的角色，該一結果其實與這三位院長的聲望有絕大關係，而非純是中研院之故。嗣後因資源不斷投入，在人才與經費支援上超越大學甚多，各研究所及中心的成績，除部分學門因研究人數遠少於國內大學的相關學院外，表現節節上升，穩執國內之牛耳，也是台灣在國際學術舞台上的重要貢獻者，使中研院在國際上受到各研究機構的尊重。在國際學界中代表台灣，中研院有其無可取代的重要性。

在此不再標舉中研院的豐功偉績，僅提出作為一個所謂國內最高學術研究機關，碰到危機（浩鼎）之後的因應，以及連動出來的院長選舉風波所反映的學術界盲點，做一點討論。

中研院於一九二八年設立（也是日治時期台北帝國大學成立之時），以研究所為主，蔡元培為第一任院長，在設立之初有多項政策功能，亦為公務機關之一環，院士榮譽組織需待二十來年之後（一九四八），可見是中研院在先，院士組織在後，院士亦大部分非中研院內專職人員。所以歷史上並無院士選院長之例，採用的是由評議會推舉由總統遴聘任命之方式。中研院長需為院士，正如司法院長需具大法官身分、監察院長需為監察委員、考試院長需為考試委員一樣，但這些院長皆需經由總統提名立法院同意程序，斷無由大法官、監察委員、考試委員選院長之理，乃因既是公務機關又事涉國家重要發展之故。中研院長與這些院長平行，採由評議會選出若干名並由總統直接圈選同意之方式，已是備受禮遇。中研院既如前述乃係具有多重重要功能之公務機構，包括推動國家學術發展，國家科技、產業、教育、及相關政策之制定與推動，並與國內外大學及研究機構保持緊密關係共謀發展，因此方有評議會之設置，以與院務會議相輔相成，嗣後又有院士會議，形成重要的三根支柱。既是如此，評議會成員本即應有符合中研院設置目的之多元代表性成員，包括院內學術主管、國際重要大學與科學院代表、各組院士專家、與國家若干重要領域代表才對。目前之評議會成員幾乎皆為院內學術主管與分處各地之院士，內部色彩嚴重，與中研院過去之歷史任務及社會期待之機構特性並不相符。

國際知名非社會主義國家科學院，如美國國家科學院（NAS）與美國藝術暨科學院（American Academy of Arts and Sciences）、英國倫敦皇家學會（Royal Society of London）、法國法蘭西學院之類，目前皆係民間組織，且以院士名譽組織為主（英國倫敦皇家學會早期亦有研究室與實驗室，如草創時期的 Robert Hooke。法拉第也利用過皇家學會的大磁鐵做電磁實驗），所以由院士直接選出院長，名正言順。中研院若改為民間院士榮譽組織，也是愛怎麼選就怎麼選，相信若名聲卓著，一定可獲產官學研之贊助，經營良好才對，但過去卓有貢獻的實體研究所及中心，就無法持續。因此依現狀研判，將中研院縮小成為院士榮譽機構並改為民間組織的提議，並不可行，也是不好的策略。

前一陣子中研院翁啟惠院長因浩鼎案辭職，之後啟動新院長遴選，惹來不少風波，有很長一段時間，社會上對中研院並不友善，有人主張中研院可以仿效歐美國家，將研究機構與民間學術榮譽授予機制分流，如日本的RIKEN與日本學術院；德國的馬克斯普朗克學院（Max Planck Institutes）與德國學術院；法國的CNRS與法蘭西學院；英國的研究委員會（Research Councils）（如MRC）與皇家學會；荷蘭的TNO與荷蘭皇家學術院；美國的NIH及各國家實驗室與國家科學院NAS（另有工程學院（NAE）與醫學學院（NAM））」。前者大體皆是政府公務機關或獨立行政法人，後者則多係民間組織（但很多也接受政府之大力支援）。依此，中研院亦可做切割。歷史上中研院先設，二十年後才有院士組織，因此原來設置目的有推動科技研究與學術領導之功能，後來且設在總統府作為公務機關，惟時過境遷，科技已屬行政院執掌，且有科技部與教育部及各部會科技顧問室，總統府已不宜介入，中研院這方面的功能與職掌應再調整。至於學術領導，台灣已有一四二所大學，眾聲喧譁，恐已無此需要，中研院亦無此能力。

因此有人主張，可讓中研院的院士組織從放在公務機關的中研院，改為民間機構作為榮譽授予之學術院，以呼應歐美主流（不必再仿社會主義國家或蘇俄、東中歐、與中國之建置），這樣就可以由所有院士直接選出院長，名正言順，不必再與公務機關之首長產生方式一樣（如司法、監察、考試三院院長之產生，皆須總統提名立法院同意再經總統任命）。至於中研院本來已有之研究所與中心及經費，可仿歐美作法如 Max Planck、CNRS、MRC 或 NIH 之方式獨立運作（也可以行政改隸），要不然更有效的作法是讓這些研究單位與經費併入台大，讓台大由百大邊緣迅速前進世界五十大，這樣是在國家財政困窘又想儘快獲取國際聲名之下的最有效方式，也算符合國家政策目標，總比目前現狀好很多。

但就如前述，這樣一個裂解中研院的重組方案，以現況而言雖不至於因此瓦釜雷鳴，卻至少是黃鐘毀棄，對本國的學術、科技、產業、與教育的累積性貢獻並無好處。台灣現在無厘頭的民粹與經常敗事的平均主義盛行，已經快要變成是破壞容易建設困難的地方，做這種建議的人也許並無惡意，甚至自認是具有遠見的主張，不過參酌台灣現狀，還是讓中研院依現行的卓越路線發展下去，才是上策。只是社會諸多意見，中研院不能視而不見聽而不聞，期待能放下身段，好好了解根源，才是正辦。

現在的中研院被授權經營南港生技園區，是好是壞並不清楚。中研院縱使是公務單位，但仍以學術研究、技術開發、及技術移轉為主，產業發展與經濟活動非其所長，亦非中研院組織法之權責項目，若日後有責任追究亦難負責，所以並不適宜主催籌建開發並負責營運，政府授權處理該類事務時，究竟應授權到什麼程度，應負什麼責任，應特別小心設計，方為正辦。另外，中研院過去與大學、教育部、科技部、行政院之分工整合，透過有效平台之運作，成效斐然，現在則日趨沒落，為提升國家總體學術及技術戰力，過去之科技與教育小組定期聚會的制度應再恢復，讓中研院院長、行政院副院長、政務委員、教育部長、科技部長、與經濟部長等相關人物，得以在此平台上討論並協助研訂未來重要方案，以及協助解決當前迫切問題。

從RIKEN與野依良治看中研院及浩鼎案

野依良治在二〇〇一年獲諾貝爾化學獎，在二〇〇三年十月到RIKEN（日本理化研究所）當理事長，這是一間年度預算超過十億美金的高等研究機構，能人輩出，但幾乎栽在一位年輕剛拿博士學位的研究人員小保方晴子的實驗室作假事件之上，我在本書〈學術敗德與領導失靈〉一文中已做簡單敘述。野依為此一國際矚目的不名譽風波，不得已在二〇一四年三月十四日出面正式道歉，隔年二〇一五年三月底，終於還是辭去RIKEN理事長職務。

中研院與RIKEN及野依良治，其實都互相熟識，往來密切，但國情不同卻很難互相援用。由日本的案例，可以看出在中研院的浩鼎事件、院長辭職、以及連動出新院長候選人遴選時，社會上出現了三種很不好的傲慢形態：1.行政的傲慢。立法院與總統府在模糊不清下，連總統都是看報紙看連署做決定，遑論立法委員，他們都忘掉應依職權調出所有會議紀錄予以確認後再處理，而不應跟著起鬨，真的就像是在大白天戴墨鏡，決定國家大事！2.知識的傲慢。院士們應該有權利與正當性去了解詳情及院內之因應方案，彙整後再做周全判斷，而非受到輿論的無謂影響，做出無助於真相還原之連署及爭議。3.道德的傲慢。社會輿論在無正確資訊下，用粗糙的道德要求以中研院的聲名相逼，自以為居道德高位，橫議論事，氣勢驚人，甚為可笑。但中研院在面對這三種傲慢與偏見時，仍難以做出迅速及強力的辯護，提供精準與具有說服力的資訊，與 RIKEN 之危機處理相較尚有落差，也不易見到學術自律的強力展現，卻不時見到政治角力的痕跡，殊甚可惜。

人、機構、與時代的犯錯

這兩個背負全民期待的最頂級教育學術機構，何以經常陷入風暴？這中間一定有什麼地方出錯。依常識觀之，這裡面一定有個人、機構、與時代的因素糾纏在內，我大約已在文中不同地方做了討論，總之，這是很難說得清楚的事情，講完了，當事人大概也是八九不同意，一定有很多說辭很多藉口，只不過都沒什麼說服力就是。首先，人總是缺乏自覺或者加熱很慢，當有很明確的目標或身處順境時，積極向上，正面能量確會累積，但若身處昏暗之中，在缺乏自覺下，外在又有難以脫身的壓力或誘惑時，人就可能一步一步走向沒有光的所在，這是人之墮落與沉淪的開始。我們有時會用強烈的語氣批判權力的傲慢，認為這是導致領導者迷失與學術敗德的邪惡力量，但這話只說了後半段，因為若當事人有警敏性有自覺心，事情不一定會惡化到後半段（參見本書〈台灣總統的迷走人生〉一文）。

接下來就是危機處理。有人以為危機的發生經常是因為人性的弱點或無法抗壓造成，其實危機出現後的因應處理，更是考驗人性強韌度與性格彈性的試驗場，有時要懂得拋棄，捨得失去，才能做出有智慧的解決方案，若情況不可為，可以做出不傷人情義理的切割，徐圖再起。這些都是正派有尊嚴之人的處理方式，RIKEN與野依良治如此做，我想台大與中研院若碰到類似危機，也應該如此做。最後則是反省與重建。當風浪來襲，大家協同一致抗壓，事後沒有翻船，船身也不再起伏不定，但船頭仍未對準航道，船身四處破洞，動力受損嚴重，這時就要反省過去看向未來，調正船頭，大家齊心在航海路上好好把船修得更好，跑得更快。以台大為例，每次選校長總是遭到外界指指點點，大學校長常被神格化，要求他有菩薩之身，能行住持之事。其實台大校長不必是校內外最優秀的人，而應是最適當之人，以前張忠謀曾說選一所一流大學的校長，是要選出一位在此時此地最合適的人，在這一點上，我想他是對的。選台大校長的重點是要遴選出一個可以和台大師生一起奮鬥的人，他自己不要搞錯了，自以為是摩西，要帶著台大走到流著奶和蜜的應許之地，因為真正能釀造奶和蜜的，還是台大的老師與學生。

這兩個機構過去在自然災害來臨之後與國家有難之時，都曾不自私又熱情的鼓勵過災民、社會、與政府，現在輪到他們受災時，也希望不要懷憂喪志，記起過去勉勵別人的話，奮力向前行。

後記

本以為台大在歷經劫波之後，利空出盡，可以衝衝衝好好向前行，沒想屋漏偏逢連夜雨，在楊泮池引退後，二〇一八年一月另選新校長，管中閔意外當選，之後竟發生一連串風波，實是始料未及。這真的是一件不知發生了什麼事情，就被一陣毒打的案子，人都還沒上任，校內在選後就形成雙方對壘，主要是為了擔任獨董的訊息未於事前揭露，以及遴選委員是否沒有利益迴避等選務程序問題，互相指責。立法院一如往常，不甘寂寞大動作介入，教育部則依違在多方角力之間。

其實台大校長遴選的尷尬局面並不是近年來的第一次。這一年來尷尬的校長們，包括有陽明、高醫、文化、台大。很多人認為這是大學遴選制度出了問題，但這種講法並非全貌，因為以前沒這麼密集過。看起來應是近年來大學文化出了問題，校內互信不足，校外閒置的攻擊力量蓄勢待發之故。有些是對程序擴大解釋，事後加碼要求，這部分應可納入遴選辦法修正，如新形態的訊息揭露與利益迴避問題；另一部分則是危機感與自覺問題，如校內提名遴選委員時，應防止提名當過總統的、出過大事情的知名人物、與理應利益迴避的人來當委員，提名後要確定人選時也應有為有守，這樣才能排除可能發生的危機。

台大校長遴選風波爭論點

此次台大校長選舉反映了幾件事：

1. 政治力介入與大學自治之分寸與紅線。大學依憲法享有言論、講學、著作及出版之自由，依大學法受學術自由之保障，並在法律規定範圍內享有自治權；但大學也是具公共性的機構，必須依法接受監督，不只國立大學，私立校院亦同，中間並無模糊空間。現在公私立大學皆處危急之秋，人心浮動，這條紅線還是畫畫比較好，這就像學術自由並不意味不需做學術倫理規範，大學自治亦需符合公共性與正當性。重點是需依比例原則處理，不能因此而成為苛吏，想一些有的沒的來綁大學。

2. 當事人財務事項涉入的訊息揭露，與關係人的利益迴避，是新型的嚴重問題，需要儘快在校長遴選辦法中，予以修正並規範。但訊息揭露與利益迴避不能無限上綱，依需要修改規定即可，主要是針對很多人不放心的財務利益糾葛。

3. 選出校長的程序，如何兼顧候選人私密性與大學自治，有很多類型，如歐美一流大學校長國際聲望高、薪水有彈性且高薪，可在全世界尋才，在這種條件下當然可祕密進行，校內也意見不多。其他國家並非如此。日本國立大學事先有提名小組提名，再經遴選小組選出候選人，送全校普選。台灣早期國立大學校長是官派，台大校長更需經國民黨中常會通過；之後二階段遴選，台大曾大規模搞過第一階段普選後，再送教育部遴選；現在則是依大學法修正過後的一次遴選，選出幾位候選人後先送校務會議認可，再回遴選委員會做最後決定。每個學校依其校風與歷史，在組織章程中有不同規定，當然也可以弄得像歐美國家一樣。這部分我認為應是大學自治事項，若未違法律監督範圍，不宜橫加干涉。我們也應尊重各大學自己走過且發展出來的民主過程。

4. 遴選委員會是校務會議授權的機制，應在選出之後的適當時間解散，若有重大爭議，可再做一定程度的處理之後解散，教育部在這段期間應盡速依職權做准否之核定，其他後續（包括爭議處理與修改規定）則由校務會議接手，這也是大學自治的範疇，遴選委員會既是被授權的功能性組織，階段性任務完成後即可回歸大學之正常運作，沒有理由無限期的繼續下去。但在這方面的限期解散機制，大部分學校並無明確規範，教育部應可在修法過程中予以考量，以杜爭議。至於在遴選委員會尚未解散時，召開校務會議逕予解散，或者將遴選委員會的審議結果予以翻案，皆非適當作法，不只是不夠尊重，亦有違授權的原則。

上述有甚多可修改之處，但也不見得全部需要修法，有些由政策與行政解釋即可達成，其中最主要的還是大學要自己自重。

台大就像魔戒召喚黑暗勢力

台大一些過去同事發動連署反對政治力介入，要求教育部逕予核定新校長之後，接著又有另外一股對立的力量連署要求召開校務會議來決定，同樣也是反對政治力介入大學事務。教育部則說台大自己說的不算，要遴選委員會重開一次正式會議釐清。這可以說是四方面集團軍作戰，台大兩個路數不同的軍團，還有立法院與教育部。外面則有圍城戰爭，由各大報紙媒體互相廝殺，凌遲台大。整體看來有點像魔戒場景，台大就是魔戒，召喚各種潛伏勢力與勤王之師，在中土大會戰，傷亡無數。

這件事應是校內的辦學理念與選務程序之爭議，依學術自由與大學自治本意，立法院就其職權固然可以表示意見，但台大也可以形成共識回歸校內正當程序解決，立法院個別委員或黨派太過針對性的意見，不見得需要理會。立法院其實是最會看風向的地方，提案後不久看情形不對，就撤案了，反而留下一些看不開的人。這裡面的關鍵是教育部，當立法院在預算審查時想藉機做出主決議，要求教育部在選務程序正當性未釐清之前，不得核聘新任校長，但政府依法監督用的是國家名器，必須敬謹從事，豈可站到山頭上喊口令，把大學逼到對立面？

整個事件的導火線看起來是訊息揭露與利益迴避問題，但真正影響深遠的，其實是藉著這個平台，讓台大內外蟄伏的對抗勢力趁機而起，互相對峙。台大地位特殊，師生校友在各個領域影響力大，潛伏的對抗勢力看到有台大這個平台，可以操兵，豈有不蠢蠢欲動之理。我們以前除了在早期做些內部改革外，之後大部分的戰場都在外面，台灣與世界才是重點，戒嚴時如此，解嚴後亦復如此，像現在這樣經常將戰場拉到校內，可說是非死即傷的內爆，台大的力量一點一滴正在耗損中，而且還算單純的是非問題若不好解決，則縱使是校園事務，也會上綱成藍綠與統獨問題。現在的台大就像台灣現狀的縮影，台灣好像也淪陷在內爆中，這才是更令人擔憂的事。不過危機也可能是轉機，對峙力量都冒出頭來操兵，力氣十足虎虎生風，若能找出共同的外侮，讓這些強大的力量一起抵抗外侮，未來大局應有可為，就看領導團隊如何鋪陳協調了。這種期望有人會說真像白日夢，但若連這種夢都不作，我們還有未來嗎？

大學與企業之互動

最後，台大事件衍生的大學與企業之關係應如何看待？過去討論產學合作的正反面看法已很多，這裡只討論企業捐款給大學的問題。台灣的民間（包括企業）捐款年度總額超過五百億，雖然小額捐款風氣盛行，但約占GDP〇・四％不到，且大部分以捐贈宗教與慈善性質為主，捐給大學的則集中在少數國立大學如台成清交，以及少數中字輩大學。私立大學除開辦時期之外，大部分靠學費、補助費、建教合作、與附設單位的收入為主。與美國大學的一流私立大學靠龐大基金、大量捐款、與高額學費相比，我們的私立大學是瞠乎其後的；美國一流的公立大學，如州立的加州大學（UC），有些名校拿到的州政府補助，都快降到年度支出的一〇％，好在有多元的競爭性經費與大量捐款，才得以支撐。我們的高教總經費雖約占GDP的二・一％，但大學高達一四二間，稀釋之後又兼少子化，低學費又無調整的彈性，大家都很困難，這時捐款應該是可以開發的主要項目。台灣的企業規模遠大於高教規模，若企業與個人或基金會的大額捐款得以挹注到大學，絕對是現在大學困境的解藥之一，但必須先建立共識。

美國常春藤與一流名校的捐款不斷，如埃默里（Emory）大學與南加大就是其中亮眼的明星，大家都很好奇，在南加大旁邊的UCLA究竟如何看待捐款。錢大家都想要，但是不是應有規範，而且要經過校內正當程序（due process），如在捐贈大樓或特定中心上冠名很普遍，但很少在正式學院與附設機構冠上捐款人名義，也不能讓捐錢的人控制捐款的使用細節或從中交換不當利益等。台灣現正處在想要大力擴展民間捐款之時，可以訂一些最基本標準的大項，但應保持彈性，不要一下子就做高道德的細節規範，這樣就是一種不尊重，誰會憋住氣一路打自己嘴巴，拿錢來捐還被消遣？

其實台灣根本不缺法令來管，在捐款的規範上有《公益勸募條例》等類，包括公私立大學在內，重點是要有人願意捐過來。在校長遴選辦法上亦復如此，大部分是人謀不臧，一直怪辦法不完整也沒什麼用，重點是人要檢討，既然是大學自治就回去大學依程序好好討論吧。教育部該做的重大法律監督事項已經夠多，也沒時間做好，不必再替大學綁東綁西了，最多修一下大學法與私校法上的基本條文，細節與流程還是要讓各大學依程序制定；若發現有一人或寡頭不當決策，或是明顯的人謀不臧，貪贓枉法，則出手絕不遲疑，依法重擊即可。

校長遴選的准否核定程序

我曾在報紙專訪中表示台大若要召開校務會議討論遴選爭議，宜先解散遴選委員會，但在這中間還有影響整個過程的教育部准否核定問題，需合併考量：

1. 遴委會已送出決選名單，且已處理過部裡所提之爭議事項，教育部理應盡速做准否核定。遴委會已做完該做的事，階段性任務已完成，理應解散或總辭。
2. 遴委會是校務會議依大學法授權之機制，在校務會議中若對還存在之遴委會有太多意見，形同不尊重且違授權原則，故宜在校務會議前解散。
3. 縱使再開校務會議，也不可能有任何遴選功能，因核定權在教育部，故教育部理應在召開校務會議前做准否之核定，剩下來的是校內大學自治問題。

台大校長遴選因其地位特殊，一向是國家大事，遴選委員會與台大行政單位已走完所有程序，不可能再做任何變更，教育部依職權所能做的就是依程序盡速核准或批駁，而非任由或委由一位人事處長出面處理，或依違在各方勢力之間，遲遲不作為，這是對國家名器的不尊重與誤用，也傷害了大學自治的基本原則。教育部核定之後當然還會有很多爭議，但這已是台大內部問題，自己到校務會議去解決即可，會有什麼結論沒人知道，也不能禁止台大開校務會議，教育部不能管過頭，豈可強壓台大！

教育部宜在校務會議前，依其程序准駁（不是只能准不能駁）的原因之一，在於台大校務會議依慣例，相當可能是吵成一團沒有共識的，教育部屆時的處境不可能更好。反之，若居然在校務會議做出了決議（如真投票），教育部依其結論而定准否，則以後的大學校長遴選何必報教育部核定，改為報備即可。開此例後，教育部還像個最終決策機構嗎？

以前台大內部的自由派與保守派對抗，大部分自己玩，盡量少碰政府，現在都扒著教育部玩，太靠官，不好玩！教育部會做什麼決定無法預測，現在陷入決策困境，大概也不敢同意備查，更不敢批駁重啟遴選，看起來是要等到臨時校務會議之後，這也是其職權，不過是短時間內順了一些人的心，長遠來看則是破壞了核備的制度，有樣學樣了。遴選委員會是校務會議授權的機制，也可特別要求遴選出來後需送校務會議確認，再送教育部核定，只不過這樣做，是一種很不正常、不專業、不尊重的作法，真要這樣做，還不如改為直選！

以上是我一貫觀點，恨鐵不成鋼，與藍綠無關也。

台大校務會議臨時會在二〇一八年三月二十四日開完，校務會議代表提出與校長當選人管中閔爭議有關的案子共五案，包括成立校長遴選爭議委員會調查小組、認定台大校長遴選程序無效、要求釐清學術倫理爭議、要求遴選委員會報告、與檢討台大校長遴選規章，該五案全數經表決後被擱置，意即不予處理，拉出一條有爭議的「台大防線」，隱約中有一種對抗的味道。現在球又回到教育部手裡，教育部在「適法性監督」告一段落之後，還是要依法做准否的核定。這件事的決定理論上並不困難，因為教育部是首長制，又是全國教育事務最高主管機關，所以只要門關起來，就手邊已有之資料均衡考量，做出決定即可。若仍有複雜的政治介入，部長尚可考慮趁勢辭退，以示對該一事件引起之大學校園不安，致上負責與遺憾之意，最後做一徹底結束，把問題帶走。

這件事走了一長段風風雨雨，受傷最大的還是台大，兩股黑暗力量在不當的試探與回應下，冒出來纏鬥，就像潘朵拉的盒子被打開一樣。另外則是縱使新校長上任，這些爭議仍然會跟著轉，豈有機會再像過去一般領導群倫？真是令人擔心往後的發展。台大需要的是與內部及外部開始大和解，之後則是齊心一致的大出發。若還是陷在泥淖中，一心想追究過去與別人的責任，不儘快往前看，則台大的衰落恐怕會逐步加速加深，大家期待的是台大能夠賡續以前開大門走大路的優良傳統，奮勇向前行。

該事件演變至今，已非一部過時的《儒林外史》所能處理，四月以後的發展說不定又是另一樁更困難之大學困境的開始，本文附記最好在此先告一個段落，祈望正面力量及早流布台大校園之中。

最後再補一段四月下旬紀事。四月中旬潘辭部長職，走時沒把問題帶走，顯然這件事不在他掌握範圍，不想揹了。換了吳，很快在四月下旬作出決定，教育部終於在過了三個多月後，確定要求台大檢視並重啟遴選程序，等於直接否決了台大遴選委員會送部的遴選決議，引發了很大的大學自治爭議，台大自己選校長選成這樣已很懊惱，現在又被政府踹一大腳，顏面與實質都受到很大傷害，我看依台大的歷史傳統，以及台大校友遍布海內外高教與研究機構來看，這件事絕不可能善了。

以前在台大有難時，如行政院郝院長為了台大自由派師生反刑法一百條公開責罵孫校長時，還有台大在戒嚴時期前後成立教授聯誼會、在校務會議通過軍警不得進入校園決議、替台大四六事件與哲學系事件平反時，台大師生可能在政治意識形態上有很大不同，但獨派可以替統派平反，自由派與保守派可以合作對抗極權無禮的政府頭頭。除此之外，台大還勇於揭竿而起，當為社會公義的堡壘與宣揚理念的思想燈塔，聲援各項民主法治與社會正義之事，但現在卻淪落到讓別人來聲援，真是情何以堪。依此看來，現在的爭議究竟會繼續引發台大校內與校外的什麼集體反應，雖然充滿不確定性，但政府若想解決問題，最好還是往更壞的劇本去想比較好。要不然現在全教總已盯住新部長要卡他卡到下台，校園串連的火開始燃燒，政黨在旁窺視等機會出手，看起來在這整場遊戲中沒人獲益，而且可能繼續歹戲拖棚。

這件事反映的其實是當前台灣最難處理的困局，「錯之於始，更錯於後」，在剛開始對利益迴避之認定與所造成嚴重程度之考量，應及早作出周全的准否決定，但在危機形成之初嗅覺不夠敏銳，又扯進一些沒常識的無謂糾紛，未能及早尋找真正熟悉學術與大學事務者進行諮詢，以致治絲益棼，等到猛一回頭已是三個多月之後，難以找到能夠順利下台的契機，之後的所作所為及可能衍生的對抗，已經讓整個台大校園與台灣高教路上充滿凶險，這時只能誠心祝禱不要釀起無法處理的大火，更不要因此拖累拖垮應該當為國家核心機構的高教體系。

李遠哲與台灣

由於張昭鼎教授的無預期過世，李遠哲說：「是該回家的時候了。」就打包回台，那時離他獲頒諾貝爾化學獎（一九八六）的時間還不到七年，可說是世界對他期望正殷的時候。回來後很多人以為他應該就當個在天上雲端的菩薩比較好，沒想他卻跑去當一位在地上凡間寺廟中辛苦走動的住持。從這裡可以看出，他一向認為國家的精神應該奠基在民間草根的哲學與行動之上，而且應有公義之心。我雖然因為張昭鼎之故，在他獲獎之前就見過面，但真正認得李遠哲院長並開始有來往的時間，只有他回台灣後的二十來年，另外五、六十年也是要看傳記才會知道。首先提出三個人作為參考座標，來作為了解李院長的基礎。

第一位是大哲學家與數學家羅素，他在其一九六七年出版的自傳中，一開始就說：「簡單但絕對強烈的三股熱情，主宰驅使了我的一生：對愛的渴求，對知識的追求，與對人類苦痛壓抑不住的憐憫」；第二位是馬克思，他一生主張，哲學家們用不同的方式詮釋世界，但真正的問題在於要去改變這個世界；第三位是美國開國元勳富蘭克林，他一生以印刷工富蘭克林自稱，從沒忘過自己的出身並謙遜自持。

我想李院長這二十來年在台灣的投入，多少將上述三人活生生的精神，具體的表現出來了。

李院長自從回國接掌中研院後，迄今在台灣已住滿二十二年，一直以溫暖與關懷的心情，激勵鼓舞年輕的世代，以平等謙遜之心對待各行各業的初認識朋友。他在國內外知交滿天下，往來無白丁，但一生不失平民性格、平等精神、與左派理想，毋忘初衷。他可說善盡了作為一位時代精神導師的責任。

李院長為人表裡一致首尾一貫，在面對有爭議議題與面對當權者時，一直保持自由獨立的心靈，看人所沒看到，講人所沒有講或不願講的。他在關鍵時刻常做知識分子式的突襲，追求真理、反抗不合理的事與人，但對未來又常持期望之心。社會雖然不免民粹，公權力也有可能媚俗，但知識分子需要保持清醒，我想他一生戰鬥，只要福國利民，就想去找出正面向上的力量，來對抗往下沉淪的黑暗力量。

上面所述是我所看到他表現出來的基本面，看起來沒有什麼問題，不過因為他介入了幾件國內強度很大的事務，讓他從此陷入不停的風暴中。這幾件事大約是：1.拒絕李登輝在大選前請他當行政院長一事，讓兩人關係從此陷入低潮，兩人多少都有受過日本教育所帶來對原則之堅持，以及對榮譽與身分的自覺，不會輕易放下身段面對面說清楚雙方的真正想法。2.接任行政院教改會召集人，最後所提出之《教改總諮議報告書》，交給興趣不大的行政院長連戰，又未獲黃昆輝（時任總統府秘書長）與李登輝的支持，但後來台灣不喜歡他的人，一直要他負責。3.在二〇〇〇年三月總統大選正熾烈時，他受不了當時黑金與政治攜手排排站，認為黑金勾結政治是囂張，政治勾結黑金更是墮落，李遠哲的愛憎如此，遠見亦如此，因此發表了「向上提升或向下沉淪」的主題演說，並在選前之夜以事先錄製的影片作為神祕嘉賓；政權輪替後出任國政顧問團召集人。這些都是事後被認定為「嚴重介入」政治的鐵證。4.在民進黨因阿扁被控涉貪，一陣低迷難以翻轉時，支持蔡英文出任民進黨主席，逐步翻身。任誰都看得出來，他已經表達了相當清楚的政治立場，再怎麼說不涉藍綠只為台灣，有些人還是會誇張的說，一定是有一半左右的人半信半疑或不信任的。台灣是個自由社會，當然會有不少人與李遠哲的主張有所不同，但講成是有一半反對，那就難以理解了，台灣應該還不至於搞得黑白不分，完全失去就事論事的精神。

很多人認為他作為一位特大號頂級科學家，殆無疑義，但對他介入不少政黨事務與社會實務，而且看起來比較支持民進黨的理念這點上，社會上看法卻是分裂的。這是宿命，沒什麼好辯解的。李遠哲心懷理想，心有定見，要他為了不惹爭議少說話，恐怕不符他認為不對就應發聲的本性。

他一回來就很快碰到不容易應付的台灣政治，很快被要求答應出任行政院長，與李登輝的第一度政治接觸可謂不順，接著是《教改總諮議報告書》在總統府那一關也不順，教育部吳京那一關則未能配合。後來發表「向上提升或向下沉淪」的講話，介入總統大選，又與更多的人不和。這都是因為政治。

李遠哲心中真正有急迫性的，恐怕是兩岸和平與國家競爭力問題，但這些都不是不在其位的人，可以好好做到的大項目，只能乾著急。反而是從天上掉下來，也是理所當然的教育及學術發展的擘畫，就在他回台後緊緊黏到身上，他也樂於提供意見與主持，但我想他始料未及的是，教改這件全民運動居然逐步在系統化因素下，收斂到他身上，而且有些強烈的負面評價被一些有心人一直釘著他走。

一般對四一〇與教改會的評論並未攻擊其理念與目標，而在抨擊其「不成功」、「拖垮國家競爭力」、「害了下一代」，但這些抽象語言，其實很多是在沒根據或未檢視資料下發言的。台灣教育的特色是國際比較指標一向良好，但社會主觀滿意度指標偏低，要全面弄清楚雖然不容易，國家主政單位應有系統的做政策辯護，因為這不是個人問題。在四一〇教改行動與教改會十年後充滿煙硝味時，我請教育部同仁彙編出版國內外在這十年間，教育指標變化之比較，並為此召開「全國教育發展會議」，提出過去之檢討與做未來規畫；李遠哲則寫萬言書回應（參見本書〈四一〇之後教改二十年〉一文）。但是教改二十年之後，還是有人因為不滿十二年國教、大學數量過多、大學生畢業後就業不易、與大學教育的學用落差之故，一定要說過去的教改失敗，又說李遠哲要負責，實在是什麼事都混在一起，已經講不清楚了。

一九九三年四月張昭鼎因氣喘發作辭世，他過世之前曾被推薦當台大校長候選人，有些人因此一度請李考慮到台大來選校長，完成老友的遺志。我們共同的老朋友黃武雄甚至說，當台大校長比當中央研究院院長重要，這雖是大學本位主義，不過這種講法也不是完全沒道理。在台灣，中研院與台大都各有相當獨特的位置，一為具有中國根源社會主義式的國家科學院，被稱為台灣最高學術機關；一為具有日本帝國大學規模與名聲的標竿大學，日人離台後又是北大系統前來接收，台大的學風與培育出來的人才，影響台灣甚大，沒有其他機構可以比擬。但他那時應該已經答應出任中研院長，所以這件事就因此按下不表。

上述所提皆在說明，李遠哲與台灣的連結其實是有很多選擇的可能性，他每次所做的決定經常讓人驚訝，但最終都是在關鍵時刻與台灣一起向前行。我想不是每個人都認同他的思考方式，在一些爭議點上更有不同見解，但他始終一心一意關懷台灣的心情，與大部分心繫台灣放眼世界的人是一樣的，甚至更為強烈。最後要藉此機會表達感謝之意。這二十來年，我參與行政院教改會、九二一重建與桃芝風災救災、到教育部與中國醫藥大學推動教育及校園事務，可說在每一階段都與李遠哲院長有過密切關係，感謝他，還有因此而共同打拚的同仁。

後記

1. 上文的一大部分，是我在二〇一六年十一月十六日《李遠哲傳》出版發表會上所講的話。隔天報紙除了報導一小部分傳記內容外，新聞還是集中在教育改革的八卦與爭議，如在目前遭遇少子化生源嚴重短缺的困境下，誰該為大學太多負責？李遠哲真的沒責任嗎？這件事情其實已被解釋過很多次，但有些人總是聽了又忘記，患了集體健忘症。有的則是因為意識形態跑前面，每次都記不住與自己原先想法不一樣的事實。這些記憶潰敗現象，需再做深入研究，也算是台灣的悲哀之一。

一九九四年四一〇教改行動四大主張之一為「廣設高中大學」，講的是公立部分，係與四一〇批判台灣長期以管理主義廉價辦教育，互相呼應之主張。隨後的行政院《教改總諮議報告書》（一九九六年十二月二日）寫了一段呼應四一〇主張之文字（頁三〇）：「從社會整體及個人的需要觀察，我國的高等教育都應繼續擴充，最好的作法是由政府掌握公立學校部分，加以規畫，而讓私立學校部分自由調節，以適應社會的需求。」

所以廣設高中大學揆其本意應為公立之意，以提升當時低下的淨在學率（低於一八%，今日則高於七〇%），並補充國家長期不足之教育投入。但台灣社會已趨右派的市場經濟，在教育上雖有左派理想，卻無左派的稅入措施，其實並無能力也不願調整投入，因此自一九九六年起即開始政策性的讓專科升格（大部分為私立），在一九九九與二〇〇〇年達到巔峰（一九九六至二〇〇〇，從六十七所增到一二七所，已逾六十所），而一九九八年出生人口已開始下降。這件事亟須在近期內有效因應，但恐怕與四一〇行動及李遠哲扯不上關係。而且大學在數量上遭遇到極大困難，並不表示這二十來年大學水準下降；同理，社會上關心的學用落差，也不純粹來自大學本身，還有產業與經濟端的問題。社會不免民粹，公權力卻不應隨時準備媚俗，教育部是有責任出面釐清，不要老是挨打。至於出生率在一九九八年已看到開始下降，卻在隔年的一九九九與二〇〇〇年，仍大幅將絕大部分是舊制私立專科的四十來所，升格為學院（也就是大學了），KMT與DPP都不必講與自己沒關係，這是大選亂承諾的結果，教育部不見得要買單，但在這過程中卻一路被做小了！其實隨時想在這件事上弄清真相，一點也不困難。吳京、林清江已逝，但還有長期待過教育行政體系的郭為藩、楊朝祥、與吳清基可問；行政院教改會高教小組，沈君山已長期臥床，孫震校長則是當年小組召集人；至於四一〇教改的原始主張，黃武雄還經常會提起。對這些話題有興趣的人，問一下就知道了，何必還要反覆講一些自己其實也不真正懂的話題！

2. 再多說幾點我的個人看法。一九九九年九二一震災發生後，熱心的民間團體迅即聯合成立一個組織，簡稱「全盟」，公推李遠哲當召集人，瞿海源、謝志誠、謝國興等人，後來分別在不同時間協助執行工作。隨後在行政院請求下，成立「九二一震災災後重建民間諮詢團」，擔任主持團長，我則任執行長。諮詢團成立了幾個專業群，工作重點是到現場了解災後安置與重建的配置，在大地工程、道路橋梁、全半倒屋重建、醫療衛生、社區總體營造、歷史建築與古蹟、與農業及產業發展合作上，研議救災及重建的建議方案，而且合作研修暫行條例與災後重建白皮書，以提升重建效能。那時與劉兆玄（負責救災與安置）、江丙坤（負責暫行條例與重建規畫）、及各部會互動頻繁。一直到隔年新政府政權輪替，我出任行政院九二一重建會執行長，他仍持續關心，並常到災區了解。在此過程中，他一直扮演鼓勵與象徵的角色，催促資源及時發揮作用，他一直相信正面向上力量的喚起，與新價值的建立，是重建成功的基礎。這種信念一直貫穿在他所關心的所有事務之中。

我們因理念而參與教改工作的人，從來沒說過什麼責任都沒有，這是經驗實證與歷史問題。過去一、二十年很多國際性的教育指標，一直保持良好，甚至在七十餘國的比較中，名列前五%，但國人的總體主觀評價卻是爭議很多，甚至是負面的也所在多有。在這種客觀指標與主觀滿意度有落差的情境下，要談誰該負責，恐怕要仔細思量，功過全歸給李遠哲，對熱心參與教育及教改工作的眾多人，也是不以為然的。至於行政院《教改總諮議報告書》，是否落實在各項已推動或推動中的教改行動方案，是否李登輝、連戰、與歷任教育部長都有參考教改論證及主張，來制定與推動政策？是否應該放在一起談談？但這些其實已經不那麼重要了，教育是一直演進的，教改也不可能有停下來的一天，看看其他上進的國家、行業與產業，從沒間斷過改革求新，我們唯一能做的，就是繼續往前看向前行吧！

李遠哲在獲諾貝爾獎之前，即已花很大精神促進國內科學發展，並協助成立中研院原子分子研究所，他老早就是一位大號的學術領導者。回台之後有人批評他不當菩薩寧做住持，部分是對的，但李遠哲豈是會被供奉在廟堂之上的人，他一生平等與溫暖待人，對不合理之事忍不住會發動突襲，一直期望能發揮正面向上的力量改變社會。對這樣一位志行高潔，一直留在台灣，已經持續奉獻二十幾年的人，我覺得他的存在就是明確的證明，一直要去反駁一些負面評論，對正反雙方來說都是太辛苦了，人生不值得這樣攻防這樣揮霍吧。

（本文一部分曾發表於二〇一七年七月一日發行的《張昭鼎紀念基金會會訊》上）

四一〇之後教改二十年

我在二〇〇五年出版的《在槍聲中且歌且走——教育的格局與遠見》（天下文化）一書中，寫過一大段的「十年風雨教改路」，表達對台灣在四一〇教改行動之後，產生十年教改爭議的看法。另外在二〇一四年《大學的教養與反叛》（印刻）一書中，也表達過對諸多爭議之看法。二十年其實很長，在這中間又能夠參與每件教育大事的人，應該不多。今日在此白頭宮女話天寶遺事，心中實無喜悅之情，與我回憶過去參與九二一震災災後重建陳年往事的方式（《台灣九二一大地震的集體記憶——九二一十周年紀念》，印刻，二〇〇九），大有不同，沒有坐看牽牛織女星的快樂，只覺天階月色涼如水。主要是因為在持續進行的教育爭議中，涉及太多意識形態、階層與階級、社會公義與追求卓越、以及教育選擇的不同偏好等類問題，幾乎台灣社會與歷史文化中沒有解決的問題，都會反映在教育與教改問題的思考之上，所以長久的教育爭議不只在台灣發生，也在世界各地進行，可說是沒完沒了。另外，國內討論教育與教改之人，雖然具有善意與熱心，但往往對全球競爭與國內外的社會政經改革態勢，並無常識性的感覺與了解，其結果就是常把教育孤立出來，成為社會各項改革的最後疆域（the last frontier），因此很多分析、判斷、與攻擊是失焦的。教育改革成為最後疆域的事實，也往往反映在它所慣常使用的語言之中：如配套不足、時機不當、溝通不良、與回歸教育本質等。事實上這些用語，哪一個不是可以同時適用在其他事務，如基礎環境、財政、行政、司法、兩岸關係等項改革之上？所以這些理由不能充分解釋，何以教育改革會成為改革的最後疆域，應該存在有其他更基本的系統性原因，當可另行研議，底下只做幾點簡單的注腳。

四一〇教改行動的緣起與主張

一九九四年四月十日，台大教授黃武雄結合民間代表性團體（包括澄社，我當時擔任社長），發動四一〇教改，提出四大訴求，主張小班小校、教育現代化、廣設高中大學、與制定《教育基本法》。同年在當時教育部長郭為藩建議下，行政院於九月二十一日成立教育改革審議會，由剛接任中央研究院院長的李遠哲召集，以呼應民間四一〇之主張，先針對四一〇所提以廉價與管理主義辦教育之批評，提出因應方案，並參考十年前日本首相辦公室成立臨教審之經驗，提出現代化、鬆綁、教育中立、與建立新價值為核心概念，並以中小學教育之改善為主，兩年半後提出《教改總諮議報告書》。

台灣早期的教育與相關改革，最知名的就是長期追求公平與正義，以作為推動社會、家庭、及個人垂直流動之核心價值，如一九五四年開辦考招合一的大學聯考，一直到二〇〇一年全面推動多元入學方案為止。另外則是從一九六八年開始，全面推動普及的九年國民義務教育。總體而言，台灣的大學聯考標舉的是公平，九年國教則是正義，已經成為台灣的招牌，具有國際上的良好名聲，但也因之衍生了管理主義與不夠現代化的問題，因此四一〇行動與行政院教改會，適時提出鬆綁與現代化（包括教育中立）的主張，可謂符合當時的時代進程。以今視昔，若將台灣各級教育的分階段演進，粗分為：正義／公平→鬆綁／現代→多元卓越→國際化，則當時應是處於第二階段。在教育鬆綁與自主的作為上，可說是一直在台灣社會持續進行中，但四一〇與教改會有推波助瀾之功，底下是一些實際例子：1.一九九四年將《師範教育法》修訂為《師資培育法》，師資培育開始再度多元化，因推行九年國教而採行的師資一元化局面得以解除。2.台灣教改第一條修正案：不可立法侵犯教育自主性。一九九五、一九九八年大法官釋憲，解除對大學必修課程、軍訓課程、與設置軍訓室之強制性規定，該一釋憲精神也包括對校院共同必修科之鬆綁，如三民主義、憲法、中國近代史、語文、與基礎科學等。3.一九九九年制定《教育基本法》，訂定教育經費之保障基準，與政治力不得介入干預教育等項。

四一〇之後十年碰到的教改爭議

我在二〇〇二至二〇〇四年間任職教育部，剛好碰上所謂的十年教改爭議。當時十年教改爭議煙硝四起，要求教科書統編、回復統一式傳統聯考、停止九年一貫課程、追究廣設大學與傷害技職教育之責。很有趣的，十年教改爭議的反撲力量，大部分跑到了李遠哲身上，並未指向四一〇教改或其他帶頭人物。李遠哲在二〇〇四年三月五日發表一篇長達一萬六千字的〈關於教育改革的一些省思〉，作為回應，文中嘗試釐清行政院教改會主張之原意，並提出他對教育的若干看法，可謂情詞剴切正面看待。但社會對教育與教改的看法及情緒，對有些人而言已變成是不可撼動的信仰，中間還夾雜著對李遠哲介入政黨輪替一事的反彈，所以釐清當然是要釐清，至於多少人聽得進去就很難說了。在十年教改爭議之中，很明顯可以看出，其中有一股力量想走回頭路，這是很奇怪的事情，真的需要謹慎因應，不只要能抗壓而且更要解壓，教育才能再往正面發展。

教育其實是一直演進的，有爭議的項目不可能停留在這類十年教改問題上，可以說所謂的十年教改爭議，大部分是過時的問題，有些則是假議題。我當時所碰到的真正困難問題，其實都不是十年教改爭議這種概念上的問題，而是像底下所述：1.九年一貫課程之調整與實施（其實與十年前的教改無關），衍生了協同教學的困難、建構數學與九九乘法教學的缺失、與可能造成國力下降災難之類的悲觀言論，社會瀰漫不信任之風。最後當然一一解決，也通過了TIMSS（國際數學與科學測試）之複驗，二〇〇七年TIMSS（使用九年一貫課程的學生測試成績）與二〇〇三年TIMSS（尚未推動九年一貫課程）之比較，數學與科學排名皆調前一名。2.天災人禍，包括號稱十萬教師參與的二〇〇二年九二八大遊行、全國教師會一直主張要兼有教師會與工會權利及權力、以及SARS來襲嚴重涉及全國停課與聯招之處置。3.本土教育及語言教學問題，與羅馬拼音之爭議。4.高中歷史課綱修訂，引發重大爭議。5.仿教育部為四一〇教改行動舉辦第七次全國教育會議之方式，舉辦全國教育發展會議，釐清概念發展共識，並回應十年教改爭議。6.標定補助七所研究型大學、規畫五年五百億世界一流大學計畫、規畫設立高教評鑑中心，以因應已經開打之國際高教競爭（之後又有教學卓越計畫與技職再造及典範科大計畫）。

二十年後回看教改路

從四一〇教改行動與行政院教改會以降，已歷二十多年（一九九四年之後迄今），回看過去，四一〇教改的四大訴求（小班小校、教育現代化、廣設高中大學、與制定《教育基本法》），可說大體皆已完成。同年行政院教改會之呼應與主張（針對四一〇所提以廉價與管理主義辦教育之批評，並參考日本臨教審之經驗，提出現代化、鬆綁、教育中立、與建立新價值，以中小學教育為主），從今日觀之，亦屬理所當然之結果。但是也不要忘了，四一〇教改行動不等於台灣教改，台灣教改也不能等同於台灣教育，只有在這種認識下在這種架構下，才能比較準確的評估教育與教改功過。

台灣社會很喜歡在各種事情上說三道四，而且還常要追究別人責任，在教育層面上更是司空見慣。台灣是民主法治社會，這種事情經常發生，但還是要有些分寸，如技職教育產生困境、校園民主化、實施九年一貫課程、面臨少子化壓力、大學過多失衡且未能及時預見少子化趨勢、人才培育失去國際競爭力與市場需求性、課綱與本土教育爭議等問題之產生，大部分是來自社會動態發展與政治經濟狀況及國際互動之自然演化結果。這些問題也許有一小部分可適度歸因給四一〇與教改會，但需依實際教育政策之制定與實施時序先做歸納分析，再進行更精確之討論與評價。教改二十年主要之時間座標是四一〇，至於行政院教改會及相關教改措施，須放在總體教育脈絡下觀察，方得其平。

二十多年後的今天往未來看，對大學而言，現代化、國際化、與鬆綁早已不是問題，但對中小學來說仍有很多需精進之空間。跨國的大學招生政策以及大學國際教育產業之推動，是未來必須擴大影響規模之所在，美英與澳洲等英語系國家之作法與政府政策，可做比較，台灣還需做好比較利益分析以及積極投入。在人才培育策略上，拔尖與多元創意，一直是培養跨國流動人才之主要想法，但就一個國家而言這不可能是主流作法，此時如何弄好經濟發展與就業環境，以取得均衡，並在此基礎上有效推動技職與一般大學教育，應是教育政策結合社會政經條件，需大大著力之處。這些問題，大部分都是當年四一〇教改行動與教改會所無法想像之課題，我們應早日翻過這一頁，思考未來要面對的問題。

接下來的問題是「還要不要再改」？台灣在過去演變與進步的過程中，從沒停止過改革，依序是經濟、社會、政治、行政、司法、教育。現在面對兩岸與全球化變化新局，台灣在很多面向上必須要儘快改變，而且要尋找各項參考指標，包括指標國家在內，但台灣逐漸習於安逸，改革的步伐已大不如前。在高等教育上，過去十來年大學還算體認到壓力所在，在體制調整與國際比較上做得較多，但在其他類教育事務上，還有很多需加速改革之處。教育改革與文化傳統及社會與家庭價值觀有千絲萬縷的關聯，與其他類改革之明確、簡單、及進步主軸有所不同，因此改革不一定要用加法，也須看狀況做減法，或不予更動，這些判斷都需要智慧與責任倫理來支撐，但不能說因此就不改了。最後，不要忘了，教育也是社會與政經結構中的一環。很多優秀的年輕或中壯人士是教改世代出來的，但是，我們好意思大言不慚的說，這些網路世代高手是教改培養出來的嗎？當然不行，他們更是這整個社會與整個先進世界培養出來的，要真談教改功過，不要忘了這個層面，以免太過誇大或低估教育的角色。

蓄積正面能量向前看

經過這二十多年，可以發現大家在教育與教改之上出現的爭議，經常是來自底下幾個因素：

1. 客觀與主觀指標常有不一致的現象。台灣的教育一直在困頓之中求開展，在一九五〇年代以前國小升學率不到四〇%，社會不識字率達三〇%以上，大學校院只有四所（台大、省立工學院、省立農學院、與省立師範學院），但這些數字都已成歷史。現在的教育普及（包括高教）狀況，已是世界聞名，高教普及還常成為社會批評的對象。至於教育品質，台灣中小學生在TIMSS、PISA、與國際奧林匹亞競賽上，一直高居世界排行前五名，數學與科學能力的表現長久以來深受國際肯定，名列世界五百大的大學數目，就國家規模及投入資源而言還算可以。這些質量上的客觀指標，可說表現優異，但是主觀上的指標卻很不理想。社會上對教育的批評一直持續不斷，而且滿意度偏低，包括對教改的不滿、學習壓力過大、城鄉差距、與M型教育愈來愈嚴重（如TIMSS國際測試，幾十年來無法化解的雙峰分配現象），教育品質還有甚多不能令人滿意之處等等。很多人無法理解為何在客觀與主觀指標之間，會有這麼大的落差。但這並非台灣特有現象，隔鄰日本也是一樣，若干先進歐美國家亦同。

2. 配套常有思慮欠周或不能滿足需求之處。舉幾個與過去四一〇及教改會雖然無關，但可以比較清楚說明的例子，如過去的九年一貫課程與現在的十二年國教。九年一貫已如前述，十二年國教則面臨高中職難以分流與公私校難以整併（與九年國教的狀況非常不同）、經費、區域與跨校拉平差距、劃分學區、特色學校與班級之比例、學力如何維持不下降等配套問題，其問題之根本乃在於仍有大學名校關卡，這是最後一關也是最重要的一關，過此關卡，大致上並無太多引起社會爭議的教改問題。

3. 時機未到也是理由之一。從現在來看，很多當年的教改紛爭，已較無爭議之價值（如鬆綁與政治中立；推甄、申請所涉及之公平正義問題），因為時代已變，潮流在變，心態也隨之調整，社會也跟著變遷。

4. 之後台灣教育逐步走向國際同步，一直到最近十餘年台灣高教推動學術卓越計畫、研究型大學、與五年五百億邁向世界一流大學等計畫後，更形急速的國際化，但已比世界高教所標舉的國際化潮流，拖延至少達五年之久（與歐美澳日韓相比）。這種重視國際比較的趨勢並不侷限在高教，中小學也是日益受到影響，因此可以說，當年的教改爭議，其實已經很難在現代的各級教育體系中看到，現在面對的大部分都是新生議題，過去的教改爭議已經可以寫下句點了。

學習的未來

台灣檢討教改，態度經常很負面，常要追究一些奇怪的責任。教育工作一棒接一棒，揮刀斷水水更流，真的很難在下游論說濁水來自上游中游或下游，而且水又不是不能過濾，不斷的檢討與注入新水才是要點。最近《經濟學人》的封面主題是「學習的未來」（The future of learning：How technology is transforming education. *The Economist*, July 22, 2017），針對過去看向未來，提出了幾個檢討：1.高科技的個別化學習能帶來更好的學習成效，從微軟的蓋茲（Bill Gates）夫婦、臉書的祖克柏（Mark Zuckerberg）夫婦、與可汗學院（Khan Academy）等的全力投入，即可見一斑。但如何做好個別化學習，必須依據學習者如何學習的資料做調整，而非依循過去有關學習風格的假科學概念（如每位孩童在獲取訊息上有其特殊方式之類的主觀想法）。2.學習事實為何的知識（facts）以及跟隨老師學習，有助於發揮創造力與才華，這一點是早期人工智慧（ＡＩ）與認知心理學要角司馬賀（Herbert Simon）早已提出的洞見。臨時上Google查詢常不能獲得該一成效，因為知識基本上還是累積的。二〇一五年針對一千兩百件有關教育成效的後設分析大規模研究，發現前二十種最有效促進學習的方式中，幾乎都與老師的帶領有關。3.教育科技可以縮小教育落差，而非擴大。在補救教學中善用軟體與教育科技，可讓社經條件不好的孩童獲益。4.二〇一五年ＯＥＣＤ發現各國在學校所花的ＩＴ經費，與十五歲孩童的數學、科學、與閱讀能力，並無關聯。二〇一六年加州大學的布爾曼（George Bulman）與費爾利（Robert Fairlie）指出，從各國的研究資料發現，孩童使用電腦的普及率，對學習成果並無多少正面效應。重點是要能有智慧的使用教育科技，現在時興的機器學習（machine learning）或其他方式，可以從學生的大批學習資料中，發現到有助於改善日後教學的規律性組型，如發現某一年紀的孩童，很容易將三．二七看成大於三．三，將四．五六看成大於四．九，因為他們用小數點後面的數字判斷大小，二十七大於三，五十六大於九。在語言學習上，也可先找出常見的錯誤組型，如單複數之不當使用等。從大批學習資料中找出這類常見錯誤組型，就可拿來做有效的補救教學之用。只有教育科技或電腦是無用的，要先讓它們變成智慧機器，才是提升學習成效的有效作法。5. 只有在教師誠心接受時，教育科技才能實質發揮功用，個別化學習才不會在校園內變成無政府狀態的遊樂場。

從這些評論看起來，因為時代在變科技在變，理論與觀點也在變，所以過去有些主張與作法其實已不合時宜，需要務實彈性的調整。這是一種學習有效性的永續改革，很少人會因此一直攻擊說當年提倡某種想法的人要出來負責之類的。從正面來看，若以前的主張，大部分是出自當時具有良好意圖之集體共識，只不過時過境遷，後之視昔，發現確有可調整之處，那就調整可也。若真有執行不當或惡意霸凌之處，因而衍生出各種需要擔負的法律與道德責任，則依規矩處理就是。我想《經濟學人》這個封面專題，所表現出來的態度大概就是這樣，值得大家在教改多年後做一些參考。

INK PUBLISHING

文學叢書 567

在困境與危機中做決策

學術、政治與領導的糾葛

作　　者　黃榮村
總 編 輯　初安民
責任編輯　林家鵬
美術編輯　陳淑美　黃昶憲
圖片提供　黃榮村
校　　對　黃榮村　呂佳眞　林家鵬

發 行 人　張書銘
出　　版　INK印刻文學生活雜誌出版有限公司
新北市中和區建一路249號8樓
電話：02-22281626
傳眞：02-22281598
e-mail：ink.book@msa.hinet.net
網　　址　舒讀網http：//www.sudu.cc

法律顧問　巨鼎博達法律事務所
施竣中律師
總 代 理　成陽出版股份有限公司
電話：03-3589000（代表號）
傳眞：03-3556521
郵政劃撥　19785090　印刻文學生活雜誌出版有限公司
印　　刷　海王印刷事業股份有限公司

港澳總經銷　泛華發行代理有限公司
地　　址　香港新界將軍澳工業邨駿昌街7號2樓
電　　話　(852) 2798 2220
傳　　眞　(852) 2796 5471
網　　址　www.gccd.com.hk

出版日期　2018年6月　初版
ISBN　978-986-387-240-5

定　價　300元

國家圖書館出版品預行編目資料

在困境與危機中做決策：
學術、政治與領導的糾葛／黃榮村 著；
--初版，--新北市：INK印刻文學，
2018.06　面；14.8× 21公分（文學叢書；567）
ISBN　978-986-387-240-5（平裝）
1.教育 2.言論集

520.7　107006498